Lernbox

Geschichte

Das Methodenbuch

FRIEDRICH VERLAG

Bibliografische Information Der Deutschen Bibliothek

Die Deutsche Bibliothek verzeichnet diese Publikation in der Deutschen Nationalbibliografie; detaillierte bibliografische Daten sind im Internet über http://dnb.ddb.de abrufbar

Impressum

2. Auflage 2003

Redaktion: Dr. Michael Sauer (verantw.), Elke Fleiter
Gestaltung und Realisation: Dirk Jäger/Friedrich Medien-Gestaltung
Druck: Jütte-Messedruck, Leipzig. Printed in Germany.
ISBN 3-617-92300-3

Zu diesem Buch

Das Wissen der Welt nimmt in atemberaubendem Tempo zu. Längst nicht alles davon ist für jeden wichtig. Die Schule muss daraus eine Auswahl treffen. Sie soll jene Kenntnisse vermitteln, die für das Leben bereit machen – im Beruf, als Staatsbürger und natürlich privat. Aber auch hier werden die inhaltlichen Ansprüche immer größer, nimmt der Stoff immer mehr zu.

Das gilt auch für den Geschichtsunterricht. Ständig entsteht „neue Geschichte" aus unserer unmittelbaren Vergangenheit. Außerdem sind in den letzten Jahren neue Betrachtungsweisen von Geschichte – z.B. Alltagsgeschichte oder Frauengeschichte – aufgekommen und haben gleichfalls das Pensum des Unterrichts erweitert. Die Stundenzahlen dagegen sind bestenfalls gleich geblieben oder haben abgenommen.

Die Konsequenz daraus: Es kann immer weniger darum gehen, Geschichte von den Anfängen bis in die Gegenwart sozusagen „komplett" zu behandeln. Vielmehr müssen Schwerpunkte gebildet werden, an denen zentrale Themen beispielhaft genauer untersucht werden.

Das bedeutet zugleich, dass neben den Inhalten die Methoden immer wichtiger werden. Wer an einem Beispiel gelernt hat, wo er sich über historische Sachverhalte informieren kann, wie Historiker Textquellen analysieren oder was man aus historischen Spielfilmen erfährt, kann diese Fähigkeit auf andere Themen übertragen und anwenden. Das ist nicht nur für den wichtig, der in der Sekundarstufe I einen Leistungskurs Geschichte belegt; fach- und sachgerecht, zielgerichtet und ökonomisch arbeiten zu können, ist auch in der Sekundarstufe I eine grundlegende Qualifikation. Und für den Geschichtsstudenten gehören diese Dinge ohnehin zum Handwerkszeug, das er beherrschen soll. „Methodenkompetenz" sagen Lehrer und Hochschullehrer dazu.

Dieses „Methodenbuch" soll helfen, „Methodenkompetenz" zu erwerben. Dabei geht es teils um Verfahren, die sich speziell auf das Fach Geschichte beziehen, teils um allgemeinere Arbeitstechniken, wie sie auch in anderen Fächern verwendet werden. Begriffe und Arbeitsverfahren werden kurz und leicht verständlich erklärt und an Beispielen erläutert; in einer „Checkliste" sind häufig noch einmal Leitfragen zusammengefasst.

In Kapitel 1 geht es um Denkweisen und Begriffe, die für die Beschäftigung mit Geschichte grundlegend sind. Kapitel 2 zeigt, auf welchen Wegen man selber Informationen zu historischen Fragen gewinnen kann. Zentral ist Kapitel 3: Wie analysiert man Quellen – Texte, Bilder, Bauwerke usw. – , also jene Hinterlassenschaften, die uns Aufschlüsse über vergangene Zeiten geben können? Und wie geht man um mit heutigen Darstellungen von Vergangenheit, von Fach- oder Schulbüchern bis zu Comics und Romanen? Kapitel 4 schließlich erläutert Techniken der

Kommunikation und der Ergebnispräsentation. Wie man sich sinnvoll über Sachfragen verständigt, wie man Ergebnisse so aufzeichnet, dass man selber etwas daraus lernt oder andere informiert, auch das will geübt sein. Und: Gemeinsame Produkte wie eine Zeitleiste oder ein Modell herzustellen, macht nicht nur Arbeit, sondern auch Vergnügen.

Michael Sauer

Inhaltsverzeichnis

1. Orientierung in der Geschichte

2. Information und Recherche

3. Umgang mit Quellen, Darstellungen, Medien

4. Kommunikation und Ergebnispräsentation

Begriffe und Kategorien

Wie andere Fächer und andere Wissenschaften auch hat Geschichte eine eigene Fachsprache.

- Sie dient einer möglichst reibungslosen Verständigung zwischen denen, die sich mit Geschichte beschäftigen. Beispiel: Eine „Quelle" wird von einer „Darstellung" unterschieden.
- Sie erleichtert es, unterschiedliche Epochen und Kulturen mit Hilfe zeitgenössischer Benennungen zu unterscheiden. Beispiel: Eine „Burg" ist kein neuzeitliches „Schloss".
- Sie macht es möglich, Fragen an das historische Geschehen zu richten, es zu strukturieren und zu deuten. Beispiel: Die Unterscheidung zwischen „Herrschenden" und „Beherrschten" ist fundamental und lässt sich fast überall anwenden.

Begrifflichkeit

Die fachsprachlichen Begriffe lassen sich in drei Gruppen einteilen:

- *Quellenbegriffe* aus der Realgeschichte: Sie tauchen in den Quellen der jeweiligen Epoche bzw. Kultur auf; die Zeitgenossen haben sie verwendet, um Verhältnisse und Situationen ihrer Gegenwart zu beschreiben.
- *Analysebegriffe* der Geschichtswissenschaft und ihrer Bezugswissenschaften: Sie stellen sicher, dass Forscher und Lerner tatsächlich das Gleiche meinen, wenn sie bestimmte Aspekte der Vergangenheit zusammenfassend benennen wollen.
- *Denkbegriffe* für eine übergreifende Kategorisierung: Sie bezeichnen übergeordnete Fragestellungen und Gesichtspunkte, unter denen die Geschichtswissenschaft die Vergangenheit betrachtet und gliedert. Kategorien werden zumeist paarweise gemeinsam mit dem dazu gehörenden Gegen- oder Ergänzungsbegriff verwendet. Zum Teil sind sie strittig, weil ihre Bildung und Verwertung Wertungen vorwegnehmen kann:

— Herrschaft/Macht
— Produktion/Verteilung
— Krieg/Frieden
— Religion/Legitimation
— Kultur/Mentalität
— Dauer/Zeitpunkt
— Gegenwartsbezug/Zukunftsperspektive
— Veränderbarkeit/Gewordenheit
— Interesse/Identifikation

Begriffe und Kategorien auf Quellen und Darstellungen anwenden

Quellenbegriffe

- Tauchen in den zeitgenössischen Quellen bestimmte Wörter (oder Wortfelder) häufiger auf, die das – begrifflich zugespitzte – Selbstverständnis bestimmter Personengruppen oder Kulturen zum Ausdruck bringen? Beispiel: Akten, Urkunden und Denkmäler sprechen vom „Gottesgnadentum" eines Herrschers.

- Lassen sich in zeitgenössischen Darstellungen bestimmte „Reizworte“ ausfindig machen, die einen Zustand oder ein Einzelereignis – im buchstäblichen Sinne – auf den Begriff bringen? Beispiel: In der römischen Geschichtsschreibung taucht das Wort „virtus“ (Tüchtigkeit, Tapferkeit, Stärke, Tugend) als Beschreibung eines Ideals wie als Prädikat für herausragende Persönlichkeiten auf – offenbar ein wichtiges Kriterium, das zugleich der individuellen Beurteilung wie als allgemeiner Maßstab dient.
- Infrage kommen Begriffe, die die Lebenswelt der Zeitgenossen zum Gegenstand haben (Beispiel: „Armut“), die ihr Bewusstsein ansprechen (Beispiel: „Demut“) oder die ganz konkrete Details der sozialen, ökonomischen und natürlichen Umwelt der Zeitgenossen verdichten (Beispiel: „Genossenschaft“, „Zunft“ und „Pest“).

Analysebegriffe

- Lassen sich Begriffe finden, die treffend zusammenfassen, was in den vorliegenden Quellen als typisch erscheint?
- Welches Stichwort beschreibt am besten die Einzelphänome, um die es konkret geht?
- Gibt es einen übergreifenden Begriff, der eine bestimmte Struktur erkennen lässt?

In Frage kommen Begriffe, die eine Regierungs- und Gesellschaftsform charakterisieren (Beispiel: „Monarchie“ und „Demokratie“), Ideologien und Mentalitäten einordnen (Beispiel: „Jenseitsglaube“ und „dynastisches Denken“), Personen und Ereignisse beschreiben (Beispiel: „Krieger“ und „Hungersnot“) oder die materielle Lebenswelt thematisieren (Beispiel: „Kleiden“ und „Wohnen“).

Denkbegriffe

- Finden sich bereits in den Quellen oder Darstellungen bestimmte „Denkbegriffe“, mit denen sich gut weiter arbeiten lässt? Beispiel: In einer Chronik des Mittelalters ist von „Endzeitangst“ die Rede, einer speziellen Form der Kategorie „Zukunftsperspektive“.
- Welche geeigneten Begriffe lassen sich als „Raster“ über die Quellen oder Darstellungen legen, mit deren Hilfe Verständnis und Beurteilung erst möglich werden? (Beispiel: Auf einer Bildquelle ist ein Grabstein zu sehen, auf dem u. a. steht, dass der hier begrabene „fromme Graf Albert stets gehorsame Untertanen“ gehabt habe. Neben dem Kategorienpaar „Macht/Herrschaft“ wären noch „Religion/Legitimation“ bzw. „Kultur/Legitimität“ zu bedenken, um die Bildquelle angemessen in den historischen Zusammenhang einzuordnen.

Hier begründete Entscheidungen zu fällen, die die eigene Perspektive und einfließende Wertungen mit berücksichtigen, ist die Hauptschwierigkeit beim „kategorialen Ansatz“, wie diese Form von Begriffsarbeit genannt wird.

Harm Mögenburg

Namen, Daten, Epochen

Um geschichtliche Ereignisse und Abläufe selber begreifen und anderen vorstellen zu können, ist es nötig,

- geografische Gegebenheiten („wo findet etwas statt?")
- beteiligte Personen („wer handelt oder erleidet?")
- zeitliche Zusammenhänge („wann oder wie lange geschieht es?")

in Verbindung miteinander zu bringen.

Um darüber hinaus historische Verläufe und Ereignisse problematisieren und werten zu können, muss man auch nach (Hinter-)Gründen und Folgen fragen, die einem Namen, einer Jahreszahl oder einer Epochenbezeichnung eine Bedeutung verleihen, wie sie z. B. bei Jubiläumsfeiern in Erscheinung tritt.

Deshalb müssen zeitliche und räumliche Vorstellungen im Geschichtsunterricht trainiert und zu festen Wissensbeständen verschmolzen werden.

Checkliste: Wie kann man lernen?

✔ Merkhilfen („Eselsbrücken"): (Selbst gefundene) Reime, sich aufdrängende Worte oder Zahlen, die sich mit dem zu Merkenden gut verknüpfen lassen. Beispiel aus der Epoche Karls des Großen: „7-8-8: Tassilo verliert die Macht".

✔ Imagination: Bilder oder Szenen in meinem Kopf, die sich mit Personen oder Ereignissen verbinden und sie vorstellbar machen.

✔ Visualisierung (→ Zeitleiste, → Collage, → Strukturskizze): Beispiel zum Thema „Deutsches Kaiserreich": Ein stilisiertes Schloss – mit der Überschrift „Versailles" – wird gezeichnet und von den beiden Daten 1871 (Reichsgründung) und 1919 (Friedensvertrag) eingerahmt.

Was muss gelernt werden?

Grundsätzlich sind zwei Formen von Wissensbeständen zu unterscheiden.

Arbeitswissen: Hierunter versteht man Namen, Zahlen und Epochenbegriffe, die zwar für die Auswertung von Unterrichtsmaterialien und das Gespräch in der Lerngruppe wichtig sind, die jedoch über den konkreten Arbeitszusammenhang hinaus nicht weiter interessieren.

Beispiel aus einem Geschichtsbuch:
„Die Einladung zum Hambacher Fest erging am 20. April 1832. Sie war von 23 Kaufleuten, drei Handwerkern, einem Arzt, zwei Notaren und zwei Beamten unterzeichnet. Der österreichische Geheimagent Teipl meldete am 6. Mai nach Wien, der Aufruf sei überall in den Erblanden bekannt."

Von der Jahreszahl 1832 abgesehen – am 27. Mai d. J. fand das Hambacher Fest statt – sind die im Text noch genannten Daten und der Name nur von geringem Interesse. Dieses Arbeitswissen darf man nach einigen Tagen vergessen.

Merkwissen: Hierzu zählen Namen (von Königen, Philosophen, Historikern, Völkern, Hauptstädten), Daten (von Revolutionen, Erfindungen, Staatsmännern, Kriegen, Friedensschlüssen) und Epochenbezeichnungen.

- Das Merkwissen soll einen weiter reichenden Erklärungswert haben. Beispiel „Napoleon“: Sein Name, seine Lebensdaten, die Napoleonische Epoche 1803–15 weisen über sich selbst hinaus, ordnen und erklären wichtige Zusammenhänge.
- Es soll eine Verknüpfung von Informationen mit Beurteilungsmaßstäben erleichtern. Beispiel „Vormärz“: Diese Epochenbezeichnung bezieht sich nicht nur auf eine klar umrissene Zeitspanne (1815–48), sondern enthält auch eine Wertung: Die Zeit vor der Märzrevolution, der „biedermeierliche“ Stillstand davor.
- „Bilder im Kopf“ lösen historische Schlüsselreize aus. Beispiel „480 v. Chr.: Schlacht bei den Thermopylen“ – ein sinnloses Selbstopfer, eine Heldentat, ein schmählicher Verrat, eine weltgeschichtliche Entscheidungsschlacht zwischen orientalischer Despotie und griechischer Freiheit? Jahreszahl und Name dieser Schlacht enthalten so viele (zweifelhafte) Wertungen und magische Bilder, dass sie in größere Zusammenhänge „verwickeln“.

Harm Mögenburg

Theorien

Ohne Theorien sind Aussagen über Geschichte nicht möglich. Historiker, die einen bewussten Verzicht auf Theorien verkünden, machen stillschweigend Gebrauch von Alltagstheorien. So haben viele Historiker des 19. Jahrhunderts biologische Theorien und Begriffe benutzt. Sie nahmen an, dass sich historische Entwicklungen wie im Pflanzenleben vollziehen. Sie sprachen – z. B. im Hinblick auf Staaten und Völker – von „Keim“ und „Wurzel“ (für Anfänge), vom „Wachsen“ (wenn es um Eroberungen ging) oder von „Blüte“, wenn sie einen entwickelten Zustand meinten.

Theorien als Begriffssysteme

Man versteht unter Theorien in sich stimmige Begriffssysteme, die nicht aus den Quellen herausgelesen, sondern an sie herangetragen werden. Diese Begriffssysteme dienen dazu, historische Sachverhalte einzugrenzen, zu erschließen und zu erklären.

Ob wir eine Handlung oder eine Einstellung eines Menschen als „nationalistisch“ oder „rassistisch“ bewerten, hängt von den Kriterien ab, mit denen wir „Nationalismus“ und „Rassismus“ definieren. Auch schon bei der Erschließung von Quellen helfen uns Theorien, denn sie geben uns Hinweise dafür, worauf wir achten müssen, und ermöglichen es uns, gezielte Fragen zu stellen.

Checkliste: Leistungen von Theorien

✔ Theorien erlauben es, präzisere Fragen an die Vergangenheit zu stellen. Sie heben diejenigen Bereiche hervor, die historisch untersucht werden sollen.

✔ Theorien und ihre Begriffe helfen, einen Erkenntnisbereich zu erschließen und wichtige von unwichtigen Quellen und Quellenaussagen zu unterscheiden.

✔ Theorien liefern Erklärungen oder Erklärungshypothesen für kausale und zeitliche Zusammenhänge.

✔ Theorien lassen bestimmte Muster oder Typen zum Vorschein treten. Auf sie bezogen lässt sich die Besonderheit des einzelnen historischen Falls herausarbeiten.

Theoriearten

Wir haben es in der Geschichtswissenschaft mit drei Klassen von Theorien zu tun.

- Die erste Gruppe bilden „Theorien der Geschichte“. Ihr Anspruch ist es, den gesamten Gang der Geschichte und nicht nur einzelne Ereignisse, Prozesse oder Epochen zu erklären. Die bekannteste dieser Theorien ist die von Karl

Marx. Bei ihm besteht die Entwicklung der Geschichte aus Klassenkämpfen. Der historische Prozess durchläuft die Stufen der Sklavenhaltergesellschaft, der Feudalgesellschaft und des Kapitalismus, bis mit dem Kommunismus schließlich das „Reich der Freiheit“ erreicht ist. Solchen umfassenden Geschichtstheorien steht die moderne Geschichtswissenschaft skeptisch gegenüber, da sie im Detail nicht zutreffen.

- „Theorien über die Geschichtswissenschaft“ befassen sich damit, wie die Geschichtswissenschaft zu ihren Ergebnissen kommt. Sie klären Voraussetzungen, Fragestellungen, Gegenstände, Methoden und Erkenntnisinteressen der historischen Forschung.

- „Theorien in der Geschichtswissenschaft“ dienen dazu, bestimmte Ereignisse zu identifizieren, sie zu ordnen. Es sind Theorien „mittlerer Reichweite“: Sie sind in der Regel auf bestimmte Epochen begrenzt (Nationalismustheorien, Imperialismustheorien, Faschismustheorien). Die Geschichtswissenschaft verwendet auch Theorien aus den systematisierenden Sozialwissenschaften (Rollentheorie, Konflikttheorie, Modernisierungstheorie). In der Praxis historischer Arbeit spielen die Theorien mittlerer Reichweite die wichtigste Rolle. Theorien stülpt man nicht erst im Nachhinein auf bereits ausgewählte und vorliegende Fakten. Sie wirken bereits bei deren Sichtung und Auswahl mit.

Hans-Jürgen Pandel

Archiv

Wer belegbare und überprüfbare Aussagen über vergangene Ereignisse und Verhältnisse machen will, muss Überreste und Spuren aus der damaligen Zeit untersuchen. Deshalb haben Archive für Historikerinnen und Historiker eine zentrale Bedeutung. Sie sammeln alte Materialien der verschiedensten Art, die für archivwürdig gehalten werden: hauptsächlich Schriftgut, aber auch Plakate, Flugblätter, → Karten, → Fotos, → Film- und Tonaufzeichnungen. Archive ordnen, katalogisieren, restaurieren und konservieren diese Materialien und stellen sie für Nachforschungen zur Verfügung.

Verschiedene Arten von Archiven

Um Archive sinnvoll nutzen zu können, muss man wissen, welche Materialien sie schwerpunktmäßig sammeln. Die größten und bekanntesten Archive sind die Staatsarchive. Sie verwahren das Schriftgut der öffentlichen Behörden und Verwaltungen, das an sie abgeliefert werden muss. Beispielsweise ist das Bundesarchiv in Koblenz für die Verwahrung des Schriftverkehrs der zentralen Behörden der Bundesrepublik Deutschland zuständig. Die Bundesländer verfügen jeweils über Landesarchive, die das Schriftgut der regionalen Institutionen und ihrer Vorläufer verwahren. Die Sammelschwerpunkte der staatlichen Archive umfassen allerdings auch andere Gebiete, z. B. Nachlässe von bekannten Persönlichkeiten oder Karten- und Bildersammlungen. Viele Städte und Gemeinden haben eigene Stadt- oder Kommunalarchive eingerichtet, in denen Materialien aufbewahrt werden, die für die Ortsgeschichte besonders interessant sind. Neben dem Staat und den Kommunen gibt es aber auch eine Vielzahl privater Träger von Archiven: Kirchen, Unternehmen, Parteien, Verbände, Vereine, Zeitungen, Fernseh- und Rundfunkanstalten.

Das richtige Archiv finden

Wer ein Archiv aufsucht, sollte möglichst genau wissen, wonach er suchen möchte. Wer etwas über einen bestimmten Ort erfahren will, muss erst einmal feststellen, zu welchen Verwaltungseinheiten (Gemeinde, Stadt, Kreis, Regierungsbezirk usw.) der Ort früher gehörte. Wer etwas über bestimmte staatliche Aktivitäten wissen möchte, sollte ermitteln, welche Behörden früher dafür zuständig waren. Geschichtswissenschaftliche Darstellungen, die man als Vorbereitung liest (→ Fachbücher/Sachbücher), enthalten meistens erste Hinweise darauf, welche Materialien in welchen Archiven unter welcher Bezeichnung (Signatur) zu finden sind. Um Zeit und Aufwand zu sparen, empfiehlt es sich, vor dem ersten Besuch eine schriftliche Anfrage an das Archiv zu richten, in der beschrieben wird, worüber man etwas erfahren möchte.

Dabei kann man sich auch gleich nach den Öffnungszeiten und den Benutzungsbedingungen erkundigen und sich eventuell für einen festen Termin einen Leseplatz reservieren lassen.

Orientierung im Archiv

Um ein Archiv benutzen zu können, muss man einen Antrag stellen, in dem das jeweilige Forschungsvorhaben zu nennen ist. Im Allgemeinen erhält man die Erlaubnis ohne größere Probleme. Meistens gibt es eine einführende Beratung durch einen Sachbearbeiter. Einige größere Archive haben auch so genannte Archivpädagogen angestellt, die sich speziell um jüngere Archivbenutzer kümmern. Um sich einen ersten, groben Überblick darüber zu verschaffen, was alles in dem Archiv verwahrt wird, sollte die Bestandsübersicht eingesehen werden. Der gezielte Zugriff auf das Archivgut erfolgt dann meistens über die hand- oder maschinenschriftlichen Verzeichnisse der Akten einzelner Bereiche (z. B. Ämter), die so genannten Findbücher. Darin sind die einzelnen Bestände vollständig und mit den Signaturen der einzelnen Akten erfasst. Es ist sehr hilfreich, wenn die Findbücher ein Sach-, Orts- oder Personenregister enthalten, weil sie dann nicht von vorn bis hinten durchgelesen werden müssen. Allerdings stehen oftmals nicht alle Materialien des Archivs den Benutzern zur Verfügung: Staatliches Schriftgut unterliegt einer Sperrfrist von 30 Jahren. In anderen Fällen können Archivalien aus Gründen des Persönlichkeitsschutzes oder der Geheimhaltung gesperrt sein.

Arbeitsbedingungen

Die bestellten Archivalien können nur im Benutzerraum des Archivs eingesehen werden. Kopien dürfen – wenn überhaupt – nur von jüngerem Schriftgut angefertigt werden. Ähnliches gilt für das Einscannen mit Computer. Ältere Schriftstücke muss man vor Ort abschreiben oder zusammenfassen. Eventuell können die Schriftstücke auch fotografiert werden. Wertvolle Dokumente oder alte Zeitungen bekommt man oft gar nicht im Original zu sehen, sondern nur auf Mikrofilmen. Auf jeden Fall sollte man für einen Archivbesuch genügend Zeit einplanen.
Je älter Schriftstücke sind, um so schwerer sind sie oftmals zu entziffern. Die Schreibmaschine mit ihrer gut lesbaren Schrift hat sich erst seit Beginn des 20. Jahrhunderts durchgesetzt. Davor und noch lange Zeit parallel dazu wurden Schriftstücke handschriftlich und zudem in heute nicht mehr üblichen Schriftarten angefertigt (z. B. in deutscher Schrift) (→ Textquellen). Dies schreckt viele Menschen davon ab, ein Archiv aufzusuchen. Doch sollte man nicht gleich verzweifeln: Es gibt Tafeln, die solche Schriftzeichen erläutern. Und wenn halbwegs sauber und deutlich geschrieben wurde, so gewöhnt man sich oft schnell an die andersartige Schrift.
Es kann sehr ärgerlich sein, wenn man in einem Archiv etwas Interessantes gefunden hat, dann aber zu Hause nicht mehr weiß, aus welcher Akte oder welchem Bestand das Material stammt. Deshalb sollte man von Beginn an alle eigenen Notizen, Abschriften und Kopien mit Hinweisen darauf versehen, in welcher Akte das Schriftstück enthalten ist, wer es wann verfasst hat und

Checkliste Archivbesuch

Vorbereitung:

✔ Thema und offene Fragen möglichst genau eingrenzen.

✔ Hinweise aus der Literatur (v. a. in den Fußnoten) beachten, welche Archivalien aus welchen Archiven benutzt wurden und welche Behörden an dem historischen Geschehen beteiligt waren.

✔ Schriftlich bei dem Archiv anfragen, ob und in welchem Umfang Material zu dem Thema vorhanden ist. Öffnungszeiten und Benutzungsbedingungen klären.

✔ Für den Archivbesuch: Notizpapier (ev. auch Karteikarten), Schreibgerät, Kleingeld (fürs Kopieren) mitnehmen.

Arbeit im Archiv:

✔ Ein Beratungsgespräch mit einem sachkundigen Archivar oder mit dem Archivpädagogen führen.

✔ Titel und Signaturen interessanter Bestände und Akten aus den Findbüchern herausschreiben.

✔ Sich mit einer Schnelldurchsicht einen Überblick verschaffen, welche der bestellten Akten überhaupt nicht, vielleicht und sehr wahrscheinlich für das Thema aufschlussreich sein können.

✔ Interessante Schriftstücke schriftlich zusammenfassen oder ganz oder teilweise abschreiben oder kopieren. Zu jedem Schriftstück die Signatur der Akte, Verfasser, Empfänger und Datum vermerken.

an wen es gerichtet war. Wer am Ende eines Archivbesuches meint, alle interessanten Schriftstücke gesichtet und ausgewertet zu haben, sollte noch einmal überprüfen, ob er wirklich alle erforderlichen Angaben vollständig notiert hat.

Gerhard Henke-Bockschatz

Bibliothek

Wer genauere Informationen über ein historisches Thema sucht, wird schnell feststellen, dass Schulgeschichtsbücher und Lexika nicht ausreichen. Um Bücher und andere Materialien (CDs und CD-ROMs, Audio-Videocassetten) mit weiterführenden Informationen zu finden, muss man Bibliotheken benutzen.

Verschiedene Bibliothekssysteme

Es gibt sehr unterschiedliche Arten von Bibliotheken, von kleinen Orts- und Stadtteilbüchereien bis hin zu riesigen Universitäts- und Nationalbibliotheken, von Allgemeinbibliotheken bis hin zu Bibliotheken für spezielle Themen. Für historische Themen sind besonders ergiebig:

- Bibliotheken der historischen Institute an den Universitäten und der Archive,
- so genannte Landesbibliotheken, die es in jedem Bundesland gibt und die das Schrifttum über alle Orte und Regionen des Bundeslandes sammeln,
- Bibliotheken historischer Museen und Gedenkstätten.

Benutzung

Schülerinnen und Schüler dürfen im Allgemeinen Bibliotheken genauso benutzen wie Erwachsene. Meistens wird gegen eine (für Schülerinnen und Schüler ermäßigte) Gebühr ein Leseausweis ausgestellt, der für einen bestimmten Zeitraum zur Benutzung und zum Ausleihen berechtigt. Wer nähere Auskünfte über eine Bibliothek haben möchte, sollte die Bibliothekare fragen oder an einer Führung teilnehmen. Für die Benutzung der Bücher ist es wichtig, ob es sich um eine Leihbücherei oder um eine so genannte Präsenzbücherei handelt. Bei dieser werden die Bücher nicht ausgeliehen. In vielen Bibliotheken gilt dies auch für die Benutzung älterer oder kostbarer Bücher, z. B. wenn sie vor 1900 erschienen sind. Aus solchen alten Büchern darf im Allgemeinen auch nichts fotokopiert werden.

Literatursuche

Um unter all den Büchern einer Bibliothek die für das eigene Thema interessanten zu finden, muss man die Kataloge benutzen. In der Regel gibt es zwei Arten von Katalogen:

- Wer ein bestimmtes Buch sucht und dessen Verfasser kennt, benutzt den alphabetischen Katalog. Er enthält die Titel aller Bücher der Bibliothek, geordnet nach dem Namen der Verfasser oder Herausgeber.
- Wer hingegen wissen will, welche Bücher zu einem Thema die Bibliothek überhaupt besitzt, greift auf den Schlagwortkatalog zurück. Darin sind die Bücher der Bücherei unter Begriffen verzeichnet, die ihren Inhalt zusammenfassen. Viele Bücher sind nicht nur unter einem, sondern unter

verschiedenen Schlagwörtern verzeichnet. Eine effektive Benutzung des Schlagwortkatalogs setzt also voraus, dass man die für das eigene Thema zentralen Begriffe kennt.

Größere Bibliotheken verfügen häufig auch über einen systematischen Katalog, in dem die Bücher der Fachgebiete nach der systematischen Gliederung aufgeführt werden, nach der die Wissenschaftsdisziplinen aufgebaut sind.

Früher bestanden die Kataloge aus Karteikarten, die man in Karteikästen aufbewahrte. Auf jeder Karteikarte waren die Signatur und Angaben zu dem Buch vermerkt. Die Signatur ist die Nummer (meist in Verbindung mit Buchstaben), unter der das Buch in den Regalen der Bibliothek zu finden ist. Die Angaben zu den Büchern enthalten: den Verfassernamen, den genauen Titel, den Verlagsort und Verlagsnamen, das Erscheinungsjahr, die Seitenzahl und die Internationale Standardbuchnummer (ISBN).

A 1990/3256
Nipperdey, Thomas:
Deutsche Geschichte 1866–1918.
Erster Band: Arbeitswelt und Bürgergeist,
München: Beck 1990. – 881 S.
ISBN 3-406-34453-4

Heutzutage sind die meisten Bibliotheken dazu übergegangen, ihre Bestände elektronisch zu verwalten, so dass man immer seltener auf die alten „Zettelkataloge“ stößt. Mit Hilfe der neuen Computerprogramme ist eine sehr viel schnellere und variablere Literatursuche möglich. Man kann einen Verfassernamen, den (Kurz-)Titel oder ein Schlagwort eingeben und der Bibliothekscomputer zeigt die Angaben, die früher auf den Karteikarten standen, auf dem Bildschirm. Man kann aber auch gezielter suchen, indem man z. B. mehrere Schlagwörter miteinander kombiniert. Schließlich ist der Computer auch in der Lage ein Buch zu finden, wenn man lediglich einige Wörter aus dem Titel, die ISBN oder Verlag und Erscheinungsjahr eingibt. Inzwischen kann man die Kataloge der meisten Universitäten auch über Internet einsehen und auf diesem Weg Bücher vorbestellen.

Fernleihe

Was kann man tun, wenn es die gesuchten Bücher in der Bibliothek nicht gibt? Für alle Bundesländer gibt es zentrale Online-Kataloge. Mit ihrer Hilfe kann man feststellen, ob das gewünschte Buch in der näheren Umgebung zu bekommen ist.

Ist das gesuchte Buch nirgendwo auffindbar oder nur in einer weit entfernten Bibliothek des In- oder sagar Auslandes vorhanden, kann man sich der Fernleihe bedienen, die der Staats- und Universitätsbibliotheken angeschlossen ist. Gegen eine geringe Gebühr kann man dort Bücher aus anderen Bibliotheken bestellen.

Gerhard Henke-Bockschatz

Internet

Das Internet ist, vereinfacht gesagt, ein Netz von Millionen Computern in der ganzen Welt. Darin kann man sich mit seinem eigenen Computer über die Telefonleitung mit Hilfe eines Modems und eines entsprechenden Zugangsprogramms, des Browsers, einschalten. Das Netz ist entstanden und gewachsen, ohne dass jemand gezielt seine Struktur geplant hätte. Das bedeutet, dass es verglichen z. B. mit einer Bibliothek ausgesprochen unsystematisch aufgebaut ist und Informationen nicht leicht zu finden sind.

Vorzüge und Probleme

Das Internet hat sich in den vergangenen Jahren enorm vergrößert. Damit stieg auch seine Verwendbarkeit für den Nutzer, denn kaum ein Unternehmen, kaum eine Einrichtung, kaum eine Organisation kann es sich noch leisten, ohne eigene Homepage auszukommen. Auch zu historischen Themen finden sich unzählige Seiten. Gegenüber Büchern als traditionellem Informationsmedium hat das Internet mindestens zwei Vorteile: Man erhält – meistens – sehr aktuelle Informationen; sie können sofort in das Netz eingestellt werden, während es einen langen Vorlauf braucht, bis ein Buch mit diesen Informationen fertiggestellt ist und in einem Verlag erscheint. Außerdem sind die meisten Dokumente im Internet nicht linear, sondern „hypertextuell" aufgebaut. Der Nutzer muss nicht einen zusammenhängenden Text von vorne bis hinten lesen, sondern kann je nach Interesse von einem zum anderen Thema und außerdem über „Hyperlinks" zu anderen Dokumenten mit ähnlichen Themen springen.

Den Vorteilen stehen die Nachteile gegenüber: Niemand kontrolliert die Qualität von Internetbeiträgen. Seriöse Informationen auf wissenschaftlicher Grundlage stehen hier neben dubiosen oder gar kriminellen Seiten. Außerdem kann man nicht einfach wie bei einem Buch ein Inhaltsverzeichnis aufschlagen oder wie in einer Bibliothek in einem Katalog nachschauen, um das zu finden, was man benötigt. Interessante oder wichtige Informationen können im Netz zwischen viel „Schrott" zu finden sein. Man muss beurteilen können, ob die gebotenen Informationen zuverlässig genug sind, um sie für die eigenen Zwecke (also z. B. ein Referat im Geschichtsunterricht über die Rolle der USA im Ersten Weltkrieg) verwenden zu können.

Um die Zuverlässigkeit im Internet zu beurteilen, gibt es kein Patentrezept. Relativ sicher kann man sein bei Web-Seiten von seriösen historischen Einrichtungen, also historischen Seminaren an Universitäten, → Bibliotheken, → Museen, historischen Gedenkstätten etc. Hier erhält man auch noch am ehesten Auskunft über die Herkunft des präsentierten Materials, also z. B. der Textquelle, des Bildes, der Karte o. ä. Ansonsten hilft nur der ständige kritische Vergleich des Gefundenen mit Informationen aus anderen Medien, vor allem aus dem „traditionellen" Medium Buch.

Suchstrategien

Für die selbstständige Recherche gibt es mehrere Möglichkeiten:

- *Suchmaschinen*: Es handelt sich hierbei um leistungsfähige Computer, die das Internet regelmäßig nach neuen Web-Seiten durchsuchen und die gefundenen in Listen für den Nutzer bereithalten. Dieser muss bei den meisten Suchmaschinen ein oder mehrere Stichwörter eingeben, die die Suchmaschine dann in den gespeicherten Dokumenten sucht. Der Benutzer erhält anschließend eine Liste mit den Adressen, unter denen er die Dokumente im Internet finden kann. Allerdings gibt es derzeit keine Suchmaschine, die das gesamte Internet erfassen könnte; die größten und leistungsfähigsten unter ihnen verzeichnen höchstens 15 bis 20 Prozent des gesamten Netzes. Es empfiehlt sich also, mehrere Suchmaschinen zu beauftragen (z. B. www.yahoo.de, www.fireball.de, www.infoseek.com, www.altavista.com, www.hotbot.com, www.lycos.de) oder gleich eine so genannte „Meta-Suchmaschine", die dies für den Nutzer übernimmt (für Deutschland = MetaGer: meta.rrzu uni-hannover.de).

Die Qualität der Treffer steht und fällt mit der Qualität der Suchwörter, die der Nutzer eingegeben hat. So ertrinkt man mit den Suchwörtern „Geschichte" oder „Antike" oder „Napoleon" in Tausenden oder gar Zehntausenden von Treffern, von denen die meisten wahrscheinlich nur einen geringen Erkenntniswert für den Nutzer haben. Entscheidend bei der Arbeit mit Suchmaschinen ist also , die eigene Frage im Vorfeld der Recherche möglichst genau zu formulieren und dann die geeigneten Stichwörter auszuwählen.

- *Kataloge*: Während Suchmaschinen automatisch alles verzeichnen, was im durchsuchten Teil des Internets vorhanden ist, haben Kataloge den Vorteil, dass hier ein – meist sachkundiger – Mensch das Angebot vorstrukturiert hat. Meist entstehen solche Kataloge im Umfeld wissenschaftlicher Einrichtungen, also von Universitäten, Bibliotheken, Archiven, Museen o. ä. Zwar enthalten sie immer nur einen Bruchteil des im Internet vorhandenen Materials, sie wiegen diesen Nachteil allerdings durch den Vorteil auf, dass man eine größere Chance hat, auf seine Anfrage auch wirklich passende Antworten zu erhalten. Die Kataloge praktisch aller größeren wissenschaftlichen Einrichtungen kann man heute per Internet einsehen.
- *„Internetsurfen"*: Es ist außerordentlich zeitaufwändig, lässt sich aber durchaus zielgerichtet durchführen. Zwei Wege spielen dabei eine wichtige Rolle: Zum einen hat man eine relativ große Chance, über die Eingabe des Namens von Firmen, Einrichtungen oder Organisationen zu deren Homepage zu kommen, denn die meisten haben sich die einprägsamen Internetadressen mit ihrem jeweiligen Namen bzw. mit dem Namen ihres Forschungsgegenstandes gesichert (z. B. Universitäten: www.uni-bielefeld.de, www.uni-oldenburg.de usw.; das Deutsche Historische Museum: www.dhm.de; das Neanderthal-Museum unter www.neanderthal.de; im englischsprachigen Bereich eine der besten Seiten zum Ersten Weltkrieg: www.worldwar1.com; die Homepage des United States Holocaust Memorial Museum unter www.ushmm.org). Allerdings setzt dies voraus, dass man schon ungefähr weiß, wo man

etwas finden kann. Zum anderen bieten die meisten seriösen Angebote Listen von Links, die es ermöglichen, zum jeweiligen Thema auf zahlreichen anderen Internetseiten gezielt weiterzusuchen.

Kommunikation

Die Nutzung des Internets für den Geschichtsunterricht erschöpft sich nicht in der Suche nach Informationen. Ebenso bedeutsam sind zwei andere Nutzungsarten: Zum einen ist es möglich, die Ergebnisse der eigenen Arbeit auf einer persönlichen Homepage bzw. der der Schule zu präsentieren. Zum anderen dient das Internet auch als Kommunikationsbörse durch die „electronic mail" (kurz: e-mail). Gegenüber der normalen Post sind e-mails enorm schnell, denn die Nachricht kommt unmittelbar nach dem Abschicken beim Adressaten an. Außerdem kann man die Inhalte der Mails mit dem Computer weiter verarbeiten. So kann man z. B. mit anderen Schulklassen über die Ergebnisse der Arbeit auf der eigenen Homepage per e-mail diskutieren oder sich selbst bei anderen zu Wort melden.

Es gibt aber auch die Möglichkeit, an speziellen historischen „Newsgroups" oder „Mailing-Listen" teilzunehmen. Mailing-Listen haben den Vorteil, dass neue Diskussionsbeiträge automatisch ins eigene Postfach kommen und dass ein qualifizierter Moderator grundsätzlich überprüft, ob ein Beitrag zum Thema gehört und aufgenommen wird. Zu nennen ist hier insbesondere das „H-NET", das zahlreiche Diskussionslisten zu geschichtlichen Themen enthält, an denen sich vor allem Historiker beteiligen; z. B. H-WOMEN (Frauengeschichte), H-GERMAN (Deutsche Geschichte), H-JUDAIC (jüdische Geschichte) usw. Hier wird nicht nur über Themen diskutiert, sondern es werden auch neue Bücher oder Forschungsprojekte vorgestellt. Allerdings sind hier wie auf vielen anderen Internetseiten Englischkenntnisse erforderlich. Eine Fülle von Informationen und Links bieten auch die deutschen Adressen www.historiker.de und www.hsozkult.geschichte.hu.berlin.de.

Dietmar von Reeken

Ausstellungen und Museen

Museen sind Institutionen, die Objekte der Vergangenheit sammeln, aufbereiten, erforschen und ausstellen. Es gibt unterschiedliche Museumsarten: Kunstmuseen, historische Museen, naturkundliche, volks- oder völkerkundliche Museen und viele Spezialsammlungen. Sie zeigen teils Dauer-, teils Wechselausstellungen; Ausstellungen kann man aber auch außerhalb von Museen finden.

Objekte

Museen stellen dingliche, bildliche und schriftliche Überreste aus, in erster Linie Originale: die Krone des Heiligen Römischen Reiches deutscher Nation in der Wiener Schatzkammer, das Evangeliar Heinrichs des Löwen in Wolfenbüttel oder das Gnadengemälde von Lucas Cranach in der Lutherhalle Wittenberg. Die Wendung von der „Hochgeschichte" zur Alltagsgeschichte ist aber auch an den Museen nicht vorbeigegangen. Es werden heute nicht nur kunstgeschichtlich wichtige Exponate ausgestellt, sondern auch Gegenstände des alltäglichen Gebrauchs (→ Sachquellen).

Originale können durch keine noch so genaue Nachbildung (Replikat) ersetzt werden. Originale besitzen eine Ausstrahlung, eine Aura für die Betrachterin oder den Betrachter; Replikaten fehlt sie. Man sieht wirklich die Krone, die die deutschen Kaiser getragen haben, die Verfassungsurkunde, die die Unterschrift der Paulskirchenmitglieder trägt. Diese Ausstrahlung kommt nicht aus dem Objekt selbst, sondern entsteht dadurch, dass der Betrachter von der Bedeutung des Objektes weiß. Nachbildungen oder Abbildungen können nur Notbehelfe sein. Aber auch Originale werden vom heutigen Betrachter ganz anders wahrgenommen als von früheren Benutzern. Ihren ehemaligen Gebrauchswert und ihre soziale Funktion kann ein Ausstellungsbesucher nicht mehr direkt nachvollziehen.

Präsentation

Objekte werden im Museum nicht einfach nebeneinander ausgestellt, sondern durch ihre Präsentation in einen bestimmten Bedeutungszusammenhang gebracht. Man spricht – in Anlehnung an einen Begriff aus dem Theater – von Inszenierungen. Das können ganze Räume oder Situationen sein, aber auch wenn ein Objekt auf ein Podest gestellt und angestrahlt wird, ist das schon eine Inszenierung.

Annäherung

Wie nähert man sich Ausstellungen an? Hilfreich ist eine Vorbereitung im Vorfeld des Besuchs. Dazu gehört auch die organisatorische Planung. Man sollte sich informieren über Öffnungszeiten, Eintrittspreise und Zeiten für Vorführungen (etwa von Maschinen oder altem Handwerk). Führungen, an denen man als Klasse oder Gruppe teilnehmen möchte, sollte man vorher anmelden. In der Regel sind Ausstellungen zu umfangreich und Museen zu groß, als dass man alles sehen kann. Statt eines kompletten Rundgangs empfiehlt es sich vielmehr, interessante Bereiche auszuwählen. Kataloge und Begleitbände können dazu bereits im Vorfeld herangezogen werden. Sie versuchen, dem Publikum den Zugang zur Ausstellung zu erleichtern. Hilfreich kann es auch sein, sich vor Ort in einem kurzen Rundgang oder anhand eines Orientierungsplans einen groben Überblick über die Themen und den Aufbau der Ausstellung zu verschaffen. Dabei bleibt man meist schon an den Objekten und Bereichen hängen, die man sich später ausführlicher anschauen möchte.

Eine verbreitete Methode für den eigentlichen Museums- oder Ausstellungsbesuch sind museumspädagogische Erkundungsbögen mit Fragen und Lückentexten. Die Gefahr ist allerdings, dass sie die Auseinandersetzung mit den Objekten eher behindern als befördern: Wer ständig mit dem Lösen von Aufgaben beschäftigt ist, schaut mehr in die Bögen als auf die Objekte. Problematisch ist auch die Führung durch die eigene Lehrkraft. Untersuchungen haben ergeben, dass Schülerinnen und Schüler dabei weniger lernen und langfristig behalten, als wenn sie von jemand anderem, etwa einem Museumspädagogen, geführt werden.

Das bedeutet nicht, dass man auf Erkundungsbögen und Lehrerführung ganz verzichten muss. Beide Möglichkeiten sollten aber sehr sparsam eingesetzt werden. Keine noch so aufwändige Methode kann den Besucherinnen und Besuchern die eigene Beschäftigung mit den Objekten abnehmen: Denn ein historisches Museum stellt keine „fertige" Geschichte aus, sondern die Besucher müssen sich mit Hilfe der Objekte selbst eine Geschichte erzählen.

Erkenntnisgewinnung

Sinnvoll ist es, schon vor dem Museumsbesuch etwas über die ausgestellten Objekte in Erfahrung zu bringen. Man sieht das, wovon man schon etwas weiß (Antizipation). Erkenntnisse gewinnt man auch durch den Kontext, in den die Objekte eingeordnet sind (Situation). Besonders thematische Ausstellungen stellen schon einen Interpretationsrahmen her. Wenig sinnvoll ist es, vor dem Museumsbesuch schon alles zu wissen, so dass die Objekte nur noch Illustrationen des bereits vorhandenen Wissens darstellen.

Bei der Identifikation, Einordnung und Deutung eines Objektes kommt es auf folgende Schritte an. Gute Museen geben die dafür nötigen Hilfen:

- *Benennung*: Der Besucher sollte das Objekt genau betrachten und es für sich selber in seinen Details beschreiben.
- *Datierung*: Datierungen sollten zur Kenntnis genommen werden. Sie sind kein Selbstzweck datierungssüchtiger Historiker, sondern dienen dazu, das ausgestellte Objekt zu anderen Ereignissen und Objekten in Beziehung zu setzen. Ohne Datierung ist ein Objekt historisch wertlos.
- *Erläuterung*: Die wissenschaftliche Erläuterung informiert über die Funktion und den Gebrauchszusammenhang des präsentierten Ge-

genstandes: Es ist etwas anderes, ob ein Degen bloß zum Schmuck (Zierdegen) oder als Waffe gebraucht wurde, ob es sich bei dem ausgestellten Gegenstand um ein Massenprodukt (antikes Öllämpchen) oder ein einmaliges oder seltenes Objekt (Kaiserkrone) handelt. Viele Objekte besitzen eine symbolische Bedeutung, die auf einen kulturellen Hintergrund (z. B. Sakralbereich) verweist.

Die eigene Deutungsarbeit, die jede Besucherin und jeder Besucher selbstständig vollziehen muss, bezieht sich auf folgende drei Bereiche:

- Museen und Ausstellungen können nicht einfach zeigen, „wie es damals war"; immer fließen die Interpretationen der Museumsmitarbeiter und Ausstellungsmacher mit ein. Darum sind Museen und Ausstellungen selbst ein Ausdruck einer bestimmten, heutigen Deutung von Geschichte. Das muss mit bedacht werden.
- Die besondere Ausstrahlung eines Objektes wird durch den Besucher selbst erzeugt. Je mehr man über die historische Bedeutsamkeit und die Verwendungsweise dieses besonderen Gegenstandes weiß, um so größer ist dessen Ausstrahlung. Diese Aura macht vergangene Sinnbildungen deutlich.
- Im Museum sind die Objekte aus ihrem ursprünglichen Zusammenhang herausgerissen. Darum muss man sich anhand der genannten Hilfsmittel ihre historische Funktionsweise vor Augen führen. Erst das Wissen über ein Objekt in seiner eigentlichen Funktion macht es als Überrest erkennbar und konkretisiert unsere historischen Kenntnisse.

Gute und schlechte Ausstellungen

Eine gute Ausstellung lässt authentischen Objekten ihren Eigenwert und verdeckt sie nicht durch theatralische Arrangements oder aufdringliche große Schrifttafeln mit pädagogischem Zeigefinger. Eine gute Ausstellung ist wissenschaftlich aufgearbeitet, sie gibt Hilfen zur historischen Einordnung, zur Funktions-, Orts- und Sinnbestimmung, ohne der Besucherin und dem Besucher das sehende Nachdenken abzunehmen.

Überflüssig und ärgerlich sind solche Ausstellungen, die statt originaler Objekte hauptsächlich Replikate und Modelle, Posterwände und Großfotos auf genormten Stelltafeln präsentieren. Alles, was man genauso gut in einem Dokumentationsband zusammenfassen kann, gehört nicht in eine Ausstellung.

Hans-Jürgen Pandel

Bauwerke

Bauwerke sind gleichsam „steingewordene Geschichte" (auch wenn natürlich nicht alle Bauwerke aus Stein gefertigt sind). Es handelt sich um Produkte menschlicher Arbeit, weshalb sie immer auch die geistigen und materiellen Bedingungen ihrer jeweiligen Zeit widerspiegeln. Das gilt für Schlösser berühmter Könige (z. B. Versailles), Burgen oder Kirchen, aber auch für Bauernhäuser, wie wir sie in Freilichtmuseen finden, für Plattenbauten, für Fabrikgebäude, Windmühlen oder Brücken. Bauwerke können Zeugnisse sein für die technischen Fähigkeiten einer Zeit (z. B. eine Brücke oder der Eiffelturm), für ihre religiösen Überzeugungen (z. B. eine Kirche, eine Synagoge, ein Grabmal), für den Willen zur Demonstration von Macht (z. B. ein Schloss, eine Burg, ein Triumphbogen), für die Anpassung des Menschen an die Natur (z. B. ein Bauernhaus) oder für den Versuch, sie zu bezwingen (z. B. ein kanalisierter Fluss), für die wirtschaftlichen Notwendigkeiten (z. B. Straßen und Brücken auf Handelswegen).

Untersuchung

Will man Bauwerke als Quellen zur Beantwortung einer historischen Fragestellung nutzen, so muss man die Formensprache der Architektur entschlüsseln. Folgende Gesichtspunkte können dabei eine Hilfestellung sein:

- Eine Entschlüsselung lebt zunächst einmal von der genauen Wahrnehmung. Wenn möglich, sollte man das Bauwerk „live" erleben, also nicht nur ein Bild von ihm betrachten. Nur so ist es möglich, die Wirkung der Größe (etwa eines Schlosses oder eines Doms) am eigenen Leib zu spüren, z. B. indem man um das Bauwerk herumgeht und seine Ausdehnung mit Schritten abmisst. Geht man in das Bauwerk hinein, kann man den Unterschied zur Umgebung spüren (bei einer Kirche z. B. die Stille gegenüber dem Lärm der Außenwelt, die Kühle, die anderen Lichtverhältnisse, den Geruch etc.). Das ist kaum durch entsprechende Abbildungen zu ersetzen.
- Ein wesentliches Merkmal ist auch der Standort des Gebäudes. Seine Lage im Verhältnis zu benachbarten Gebäuden (z. B. das Verhältnis von Kirche und Rathaus in einer Stadt oder die Entfernung einer Burg von einer Stadt) kann Aufschluss geben über seine historische Bedeutung.
- Zu einer genaueren Analyse gehört, die exakte Größe bzw. die Maße des Bauwerkes, das verwendete Material, die Formgebung und den Schmuck zu erfassen oder zu untersuchen.

Alle diese Gesichtspunkte sind nicht von einem Beobachter alleine zu behandeln. Am besten ist es, sich die Beobachtungsaufgaben zu teilen und die wichtigsten Ergebnisse im Bild (Fotografie, Zeichnung, Skizze) und schriftlich festzuhalten. Das ist unproblematisch bei exakt feststellbaren Gegebenheiten wie den Maßen eines Bauwerks, die man selbst vermessen oder ermitteln kann. Hingegen kann sich der Eindruck des Bauwerks auf den Betrachter von Mensch zu Mensch stark unterscheiden. Es empfiehlt sich, diese Aufgabe

Checkliste: Informationen zur Bedeutung eines Bauwerks erheben

- ✔ Wer hat das Bauwerk in Auftrag gegeben?
- ✔ Warum hat er dies getan?
- ✔ Wie wurde der Bau finanziert?
- ✔ Wer hat den Bau ausgeführt?
- ✔ Welche technischen Schwierigkeiten galt es zu überwinden?
- ✔ Wann wurde das Gebäude errichtet?
- ✔ Wann, warum und wie wurde es ggf. verändert (Aus- und Umbauten, Restaurierungen etc.)? Es ist immer besonders wichtig, sich klar zu machen, von welchem Zustand des Bauwerkes zu welchem Zeitpunkt man spricht. So hatte die Fertigstellung des im Mittelalter unvollendeten Kölner Doms im 19. Jahrhundert eine hervorragende Bedeutung in der deutschen Nationalbewegung: der Dom galt als Symbol des noch zu schaffenden deutschen Nationalstaates.
- ✔ Welche Funktionen erfüllte das Gebäude? (z. B. eine Kirche später nicht mehr als Ort religiöser Handlungen, sondern als Vorratslager)
- ✔ Gab es für den Bau Vorbilder? Wurde er anderswo nachgeahmt?
- ✔ Wurde in der Entstehungszeit sonst ähnlich gebaut oder unterschied sich das Gebäude von anderen? Warum?

auf mehrere Beobachter zu verteilen, um so ein breites Spektrum möglicher Eindrücke zu erhalten.

Um die Bedeutung eines historischen Bauwerks zu verstehen, reicht freilich die eigene Wahrnehmung nicht aus. Man benötigt zusätzliche Informationen zu seiner Entstehung, Funktion und Geschichte. Fragen danach lassen sich nicht aus dem Bauwerk selbst heraus beantworten, sondern nur unter Benutzung von anderen Quellen und architekturgeschichtlicher, kunstgeschichtlicher und allgemeinhistorischer Literatur. Darüber hinaus kann man Experten befragen, etwa Kunsthistoriker, Heimatkundler, Denkmalpfleger, Pfarrer, Behördenmitarbeiter. Befragungen müssen ebenso wie die Besuche vor Ort gut vorbereitet werden.

Dietmar von Reeken

Bilder

Genau wie Texte können auch Bilder eine historische Quelle sein. Prinzipiell kommen dafür alle Bildgattungen infrage: Plastik, Malerei, Grafik und → Fotografie. Hier geht es vor allem um Malerei und Grafik.

Bilder als Quellen

Welche Einsichten über vergangene Zeiten können Bilder als Quellen vermitteln? Zunächst liefern sie Informationen über die Sachkultur einer Zeit. Auch wenn es dem Künstler eigentlich um etwas ganz anderes ging, kann man aus Bildern oft viel über Wohnen, Kleidung, Arbeit oder Technik erfahren. Bilder spiegeln aber auch Wertvorstellungen gesellschaftlicher Gruppen, Bewusstseinshaltungen, soziale Beziehungen, alltägliche Verhaltensweisen und Gefühle der Menschen wider. Bilder sind freilich nicht einfach Abbildungen von vergangener Realität, sondern auch Deutungen. Sie zeigen, wie der Künstler etwas gesehen hat oder wie er es die Betrachter des Bildes sehen lassen wollte. Meist sind Bilder mit einer bestimmten Wirkungsabsicht entstanden: Sie sollten Herschaftsvorstellungen darstellen oder rechtfertigen, religiöse oder andere „Welt-Bilder" verbreiten, die Gegner in politischen oder religiösen Auseinandersetzungen angreifen, umgekehrt die eigene Sache vertreten und ihre Anhänger mobilisieren. Auch diese Interessen und Absichten lassen sich anhand von Bildern erkennen und untersuchen.

Allerdings reicht es dafür nicht aus, die Bilder selber zu analysieren. Wie bei Texten muss man den engeren oder weiteren historischen Zusammenhang ins Auge fassen: In welcher Situation ist das Bild entstanden, wer waren der Künstler und ggf. der Auftraggeber, an wen sollte es sich richten und was sollte es bewirken, wie wurde es präsentiert oder verbreitet, wie vom Publikum aufgenommen? Um solchen Fragen nachzugehen, benötigt man Zusatzinformationen zu den Bildern.

Bilder interpretieren

Genau wie Texte muss man Bilder sorgfältig interpretieren. Dazu gehört zunächst, dass man sich Zeit lässt: Mit einem Blick ist es nicht getan, man muss länger und genauer hinsehen. Bei der eigentlichen Interpretation kann man sich gut an dem folgenden dreistufigen Schema orientieren:

- *Bildbeschreibung:* Beschreibung dessen, was auf dem Bild zu sehen ist; Äußern von Eindrücken und Gefühlen
- *Bildanalyse:* Erschließen von Thema und Inhalt, Identifikation von Personen; Untersuchung der Darstellungsmittel (Komposition, Technik, Perspektive, Farben, Symbole etc.)
- *Bildinterpretation:* Zusammenfassende Deutung der Bildaussage im historischen Entstehungszusammenhang

Man muss sich aber keineswegs immer an dieses Schema halten. Es dient vor allem dazu, sich die

Checkliste: Darstellungsmittel analysieren

Die Analyse der künstlerischen Darstellungsmittel kann man im Geschichtsunterricht nicht so detailliert betreiben wie im Kunstunterricht. Dennoch ist es wichtig nachzuvollziehen, auf welche Weise der Künstler einen bestimmten Bildausdruck erzielt. Folgende Punkte sollte man überprüfen:

✔ *Gattung bzw. Darstellungstechnik:* Wandbild, Gemälde, Holzschnitt, Kupferstich etc.

✔ *Inhaltlicher Bildtypus:* Personenbild, Landschaftsbild, Karikatur etc.

✔ *Größe und Präsentationsform:* Einzelbild oder Reihe, privat oder öffentlich

✔ *Komposition:* Bildaufbau, Verhältnis von Vorder-, Mittel- und Hintergrund, Anordnungsschema (Diagonale, Dreieck o.a.), Figuren, hervorstechende Einzelelemente

✔ *Perspektive:* Aufsicht oder Untersicht (Vogelperspektive oder Froschperspektive), Zentralperspektive, unperspektivische Darstellung, Verhältnis zum Betrachter (ist die Szene isoliert, wird der Betrachter hineingezogen, blickt eine Figur aus dem Bild?)

✔ *Proportionen:* Verhältnisse einzelner Teile von Körpern oder Bauten, Proportionsschema

✔ *Lichtführung:* Hervorhebung einer Person oder eines Gegenstandes durch Helligkeit, gleichmäßige Beleuchtung oder Hell-Dunkel-Kontraste, sichtbare oder verdeckte Lichtquelle

✔ *Farbigkeit:* dominante Farben, Farbkontraste oder Ton-in-Ton, flächige Farbgebung oder Konturen, naturalistische oder symbolische Farbgebung

✔ *Figurendarstellung:* Bewegung oder Ruhe, Mimik, Gestik

Punkte bewusst zu machen, die für eine umfassende Bildinterpretation nötig sind. Im Geschichtsunterricht wird eine Bildquelle ohnehin innerhalb eines thematischen Zusammenhangs behandelt, der von vornherein bestimmte inhaltliche Fragen nahe legt. Dabei geht es oft zunächst um die „Botschaft" des Bildes (3. Schritt), erst danach um die Untersuchung der Darstellungsdetails, mit deren Hilfe diese „Botschaft" vermittelt wird. Jede Zeit hat ihre besondere künstlerische Handschrift. Wer Bilder richtig verstehen will, muss das berücksichtigen. Vor allem im Mittelalter und in der Frühen Neuzeit haben die Haltungen von Figuren oder bestimmte Gegenstände eine tiefere Bedeutung. Eine Nelke z.B. ist nicht einfach nur eine Blume, sondern ein Symbol für Liebe und Fruchtbarkeit. Den Zeitgenossen waren diese Bedeutungen vertraut, für uns ist es heute oft sehr schwer, sie zu entschlüsseln. Kunstgeschichtliche Nachschlagewerke können dabei helfen.

Mit Bildern arbeiten

Abgesehen von der systematischen Interpretation von Bildern gibt es eine Reihe von Verfahren, die helfen können, sich auf ein Bild einzulassen, sich in Details zu vertiefen oder Bilder in Zusammenhänge einzuordnen. Dafür einige Beispiele:

Bildbetrachtung

- Bilder sammeln

Man kann Bilder zu bestimmten Themen sammeln – aus dem Schulbuch, aus der Klassen- oder Schulbücherei, aus Bibliotheken oder zu Hause. Das schärft die Wahrnehmung und es entsteht eine selbstgemachte Bildreihe, die wiederum zur vergleichenden Deutung einlädt. Besonders interessant sind Längsschnittthemen, die sich über mehrere Epochen verfolgen lassen und kulturellen und gesellschaftlichen Wandel zum Vorschein bringen (Herrscherbilder, Familienbilder, Frauenbilder, Kinderbilder).

Bildanalyse

- Ein Bild rastern

Anhand eines Rasters, das über eine Kopie des Bildes gezeichnet oder mit Folie oder Pergamentpapier auf ein Bild aufgelegt wird, kann man sich leichter über Einzelheiten verständigen. Das ist besonders nützlich bei Bildern mit vielen Details.

- Den Bildaufbau nachzeichnen

Durch Nachzeichnen können die Bildkomposition, die Perspektive oder Bewegungsrichtungen verdeutlicht werden. Auch dafür sollte man eine Kopie oder eine Auflegefolie/Pergamentpapier benutzen. Das gilt für alle Verfahren, bei denen man selber zeichnerisch an einem Bild arbeitet. Raster und Nachzeichnung lassen sich auch verwenden, wenn das Bild mit dem Overhead-Projektor gezeigt wird.

- Umzeichnung eines Bildes herstellen

Eine Schemaskizze lässt die wesentlichen Einzelelemente des Bildes erkennen. Sie können direkt in der Skizze, in einer Legende oder mit Hilfe von Pfeilen benannt werden.

Bildinterpretation

- Eine Geschichte zu einem Bild erzählen

Bilder sind Momentaufnahmen; vor allem anhand von Ereignisbildern lassen sich Mutmaßungen über das Vorher und Nachher anstellen. Indem man eine Geschichte zu einem Bild erzählt, stellt man es in einen chronologischen und argumentativen Zusammenhang. Er darf nicht frei fantasiert, sondern muss anhand des Bildes und im historischen Zusammenhang begründbar sein.

- Sprech- oder Denkblasen in ein Bild einfügen

Mit dieser Methode können besonders gut unterschiedliche Perspektiven, die in einem Bild angelegt sind, nachvollzogen und zur Geltung gebracht werden.

- Bilder mit anderen Sinnen ergänzen

Bilder sprechen nur die visuelle Wahrnehmung an. Natürlich gehören aber zu dem, was auf Bildern dargestellt ist, zumeist auch Geräusche oder Gerüche. Diese zusätzlichen bzw. fehlenden Sinnesdimensionen lassen sich ergänzen, indem man sie aus den Bildern heraus zu erschließen versucht.

- Einen Bildauftrag formulieren

Damit wird die Intentionalität einer Bilddarstellung verdeutlicht. Ein Beispiel für einen entsprechenden Arbeitsauftrag: „Verfasst einen Brief, in dem Ludwig XIV. den Maler Hyacinthe Rigaud beauftragt, ein Porträt von ihm zu malen. Erläutert dem Maler eure Vorstellungen.“

- Bildszenen nachstellen oder nachspielen

Dieses Verfahren macht es möglich, Haltungen und Gefühle der Personen im Bild nachzuvollziehen. Man kann dann in der Rolle der Personen ihr Befinden beschreiben und kommentieren.

- Szenarien mit Figurenbildern erstellen

Personen, Gebäude, Geräte etc. können aus Bildern ausgeschnitten und zu zeittypischen Szenarien zusammengestellt werden.

- Bilder ergänzen und umgestalten

Durch das Ergänzen künstlich hergestellter Fragmente, durch das Aus- und Ummalen von Bildern können eigene Kommentare und Deutungen von Bildern entstehen.

- Fotomontagen oder Collagen herstellen

Dafür kann man Bilder sammeln und aus ihnen ein „Zeitpanorama“ zusammensetzen. Jeder/jede entscheidet selber, welche Ereignisse, Personen o.ä. er/sie berücksichtigt. Es entsteht eine bildliche Gesamtdeutung der Zeit. Besonders wenn in Gruppenarbeit verschiedene solcher „Zeitpanoramen“ erstellt werden, wird deutlich, welche unterschiedlichen Akzente dabei gesetzt werden können.

- Historische Bilder und aktuelle Bilder einander gegenüberstellen

Der Kontrast verdeutlicht Veränderungen. Ein Beispiel: Wenn man mittelalterlichen Monatsbildern heutige Fotos gegenüberstellt, tritt nicht nur die technische Entwicklung in Erscheinung, sondern auch, wie sehr sich die Bedeutung und Wahrnehmung der Jahreszeiten verändert hat – eine grundlegende mentalitätsgeschichtliche Einsicht. Entsprechende Fotos kann man auch selber anfertigen. Am interessantesten ist es, wenn dafür möglichst der gleiche Standort und die gleiche Perspektive gewählt wird. Deutlich wird die historische Veränderung; aber das selbstgemachte Bild schärft auch den Blick für die Darstellungsintention des historischen Bildes (Ausschnitt, Perspektive etc.).

Michael Sauer

CD-ROMs

Was CD-ROMs von Büchern und anderen Medien unterscheidet, sind vor allem zwei Elemente:

- *Multimedialität:* CD-ROMs enthalten eine Kombination verschiedener Medien. Dazu gehören Bilddokumente (zeitgenössische Abbildungen, Grafiken, Karten, Abbildungen von Museumsexponaten usw.), Textdokumente, Tonelemente (Geräusche, Wiedergabe von zeitgenössischen Reden, gesprochener Kommentar, Musik usw.) und Videosequenzen.
- *Hypertextualität:* CD-ROMs bestehen aus einzelnen Bausteinen, die man als Nutzer beliebig kombinieren kann. Darin unterscheiden sie sich von Büchern, aber auch von Filmen, die einen zusammenhängenden Text enthalten, Stück für Stück eine Erzählung oder Argumentation aufbauen und von vorne bis hinten „gelesen" werden.

Nutzen für das historische Lernen

Beide Elemente sind die entscheidenden Vorteile des Mediums auch für das historische Lernen. CD-ROMs zeichnen sich durch hohe Anschaulichkeit aus und können individuelles Lernen ermöglichen. Beide verweisen jedoch auch auf Schwierigkeiten bei der Nutzung. Das Fehlen eines stimmigen Aufbaus und die bunte Mischung verschiedenster Ton-, Film-, Text- und Bild-„Häppchen" können leicht zu Orientierungsschwierigkeiten führen und die Vorteile des Mediums zunichte machen.

Der Sinn von CD-ROMs für das historische Lernen steht und fällt mit der Qualität der angebotenen Software. Die meisten auf dem Markt befindlichen CD-ROMs wurden nicht für den Unterricht, sondern für den „Hausgebrauch" hergestellt und beabsichtigen „Edutainment". Sie richten sich an breite, nicht fachlich vorgebildete Nutzerschichten und verzichten häufig auf Belege, Quellennachweise und Literaturverweise, die wichtig wären für ein sinnvolles Weiterarbeiten. Außerdem sind bei weitem nicht alle Epochen oder Problemfelder der Geschichte schon auf CD-ROM verewigt; bislang dominiert das 20. Jahrhundert, nicht zuletzt, weil aus den letzten Jahrzehnten das meiste Film-, Bild- und Tonmaterial vorliegt.

CD-ROM-Typen

Auf dem Markt der Geschichts-CD-ROMs finden sich verschiedene Typen von Programmen, zum Teil in Mischformen:

- geschichtliche Dokumentationen (z. B. über Martin Luther, über den Holocaust, zur Geschichte der Berliner Mauer, über die Stadt im Mittelalter)
- allgemeine historische Abrisse (z. B. „Historica. Weltgeschichte interaktiv erleben", „Centennia. Ein dynamischer Geschichtsatlas", „Weltgeschichte neu entdecken")
- historische Nachschlagewerke (z. B. Steins Kulturfahrplan, „Chronik des 20. Jahrhunderts")

- historische Simulationen bzw. Strategiespiele (z. B. „Caesar“, „Civilization“, „Die Hanse“)

Historische Simulationen werden wegen des hohen Zeitaufwands beim Spielen allerdings nur selten im Geschichtsunterricht zum Einsatz kommen. Außerdem wird Geschichte hier häufig nur als farbiger Hintergrund für eine spannende Handlung oder als beliebig planbar dargeboten. Bei den anderen Typen ist der Wert abhängig von

- der Qualität, historischen Korrektheit und Ausführlichkeit der präsentierten Materialien und Informationen,
- dem Zusammenspiel der unterschiedlichen Medien,
- den Möglichkeiten, als Nutzer interaktiv zu werden (also selbst in das Geschehen einzugreifen),
- den integrierten Notizbuch-, Such- und Druckfunktionen und
- den möglichen Spielideen.

Entscheidend für die Arbeit mit CD-ROMs sind die Fragen des Nutzers: Was will ich wissen/erfahren? Auf welche Fragen soll mir die CD-ROM Antworten liefern? Wie bei vielen anderen Medien ist der Vergleich der gefundenen Informationen mit anderen Informationsquellen auch hier von zentraler Bedeutung, damit man zu gesicherten Erkenntnissen und plausiblen Deutungen kommt. Zu verwenden sind CD-ROMs in erster Linie zur Einführung in ein neues Thema, zur chronologischen Orientierung und zur Vermittlung von Überblickswissen.

Dietmar von Reeken

Comics

Comics haben sich von einem Kinderspaß („Funnies“) zu einer ernsthaften literarischen Gattung für Erwachsene („grafische Literatur“) entwickelt. In dieser Gattung werden heute Themen dargestellt, die auch in der Geschichtswissenschaft und im Geschichtsunterricht eine Rolle spielen: Bellum Jugurthinum, Kreuzzüge, Sklavenhandel, Hiroshima, Holocaust und Hitler. Die Eigenart dieses Mediums besteht darin, dass es mit statischen Bildern eine Geschichte erzählt. Der Comic führt einen neuen „kulturellen Code“ ein, den es zu entziffern gilt.

Gattungen

Aus der Sicht von Historikerinnen und Historikern lassen sich drei verschiedene Typen von Comics unterscheiden:

- Comics können genau so gut Quellen sein wie die in der Geschichtswissenschaft üblichen schriftlichen Quellen. So wurden Comics im Zweiten Weltkrieg ebenso in den Dienst der politischen Propaganda gestellt wie andere Medien auch. Eine annähernde Erfassung dieser Quellentypen gibt es leider noch nicht, da sie nicht zu den typischen Sammlungsgruppen von Archiven und Bibliotheken gehört.
- Comics gibt es auch als gezeichnete Autobiografien. Autoren der jüngeren Nachkriegsgeneration greifen oftmals zum Zeichenstift anstatt zur Schreibmaschine, um Autobiografien bzw. biografische Ereigniss zu erzählen. Die besten

Checkliste: Einen Comic analysieren

Der Umgang mit Comics erfolgt nach den gleichen Grundsätzen, nach denen wir auch historische Quellen (→ Bilder, → Sachquellen, → Textquellen), historische → Fach- und Sachbücher oder historische → Romane interpretieren.

Die Comic-Gattung feststellen:

✔ Handelt es sich um eine historische Quelle, eine historische Darstellung oder einen Comic-Roman?

Medienspezifische Analyse:

✔ Erzählzeit und erzählte Zeit: Auf welchen historischen Zeitraum bezieht sich die Geschichte und was wird davon erzählt?

✔ Inhalt und Erzählweise: Welche Ereignisse werden erzählt? Welche Ereignisse werden erzählerisch hervorgehoben und welche nicht erzählten Ereignisse verbergen sich im Hiatus?

✔ Zeitverlauf: Wird eine Sequenz aus Ereignissen kurzer oder Ereignissen langer Dauer aufgebaut?

✔ Wie lässt sich der erzählerische Sinn der ganzen Geschichte zusammenfassen? Gibt es eine Botschaft, eine Moral, eine Sinndeutung der erzählten Geschichte?

Bildaufbau und Bildfolge (Fachbegriffe)
(Beispiel aus: Jaques Martin, Alix – Der Griechenjunge, Mannheim 2. Aufl. 1987, S. 10f.)

Beispiele dafür sind Art Spiegelmans „Maus“ und Keji Nakazawas „Barfuß durch Hiroshima“. Es handelt sich hierbei um Geschichtsschreibung, die eine authentisch verbürgte Geschichte erzählt.

● Der Comic-Roman lässt wie der historische Roman eine fiktive Geschichte vor dem Hintergrund einer historischen Kulisse spielen.

Hans-Jürgen Pandel

Denkmäler

Eine besondere Form von → Bauwerk ist das Denkmal. Es unterscheidet sich von anderen durch die Absicht, mit der es errichtet bzw. zum Denkmal erklärt wurde: Es soll gezielt die Erinnerung wachhalten an eine Person, ein Ereignis oder ein anderes historisches Phänomen, weil diese Erinnerung für den Auftraggeber von besonderer Bedeutung auch für die Gegenwart und die Zukunft ist. Denkmäler werden daher meist bei konkreten Anlässen errichtet: dem Todestag eines berühmten Menschen (Fürsten, Feldherren, seit dem 19. Jahrhundert zunehmend auch Bürgerliche wie Dichter, Wissenschaftler etc.), dem Jahrestag einer gewonnenen Schlacht (z. B. dem Sieg gegen Napoleon in der Völkerschlacht bei Leipzig), aber auch in einer größeren historischen Distanz zum dargestellten Ereignis, wenn die Erinnerung als besonders wichtig für die gegenwärtige Situation angesehen wird (z. B. die Nationaldenkmäler des deutschen Kaiserreiches).

National- und Kriegerdenkmäler

Das Denkmal fordert zur Identifikation auf oder bietet sie wenigstens an: Der Betrachter soll sich etwa bei den Nationaldenkmälern des 19. Jahrhunderts als Teil der Nation fühlen und die Angehörigen anderer Nationen ausgrenzen. Ein Beispiel: Das „Niederwalddenkmal“, zwischen 1877 und 1883 bei Rüdesheim am Rhein errichtet, erinnerte den Besucher mit vielen Reliefdarstellungen, Symbolen und Allegorien an die Waffenbrüderschaft der verschiedenen deutschen Länder im deutsch-französischen Krieg von 1870/71 und verherrlichte damit die Gründung des deutschen Nationalstaates; gleichzeitig wandte es sich damit gegen den „Erbfeind“ Frankreich.
Ein anderer wichtiger Typus ist das Kriegerdenkmal, das an das „Opfer“ der gefallenen Soldaten für die Nation erinnerte und meist – zumindest bis 1945 – die Über- und Nachlebenden von Kriegen zur Nacheiferung mahnen sollte. Damit sind Kriegerdenkmäler eine Quelle für den Umgang einer Gesellschaft mit dem Krieg und ihrer eigenen Geschichte.

Bauformen

Denkmäler können ganz unterschiedliche Formen haben: Monumente in plastischer oder architektonischer Gestalt, Gedenksteine, Tafeln, Bilder usw. Es können aber auch Bauwerke als Denkmäler interpretiert werden, die dies ursprünglich gar nicht gewesen sind. So ist ein Industriedenkmal ursprünglich einmal eine Zeche oder eine Fabrik gewesen, wird aber zu dem Zeitpunkt, als es unter Denkmalschutz gestellt wird, als besonders erinnerungswürdig angesehen (z. B. als Erinnerung an die Frühphase der Industrialisierung, an eine bestimmte Form der Fabrikarchitektur o.ä.).

Gesichtspunkte der Untersuchung

Die Analyseschwerpunkte bei Denkmälern sind dieselben wie bei → Bauwerken. Zu bedenken ist: Denkmäler sind Quellen für die Zeit ihrer Errichtung — nicht für die Zeit, die sie darstellen. Von besonderer Bedeutung sind bei der historischen Analyse von Denkmälern die Fragen nach den Auftraggebern (ursprünglich häufig Fürsten, seit dem 19. Jahrhundert vermehrt bürgerliche Vereine, Stadtverwaltungen etc.), nach der Finanzierung (Staat, Kommune oder private Spenden), ggf. nach der Entscheidung für die Art des Denkmals (Gab es einen Wettbewerb? Wie unterschieden sich die Entwürfe? Welche Kriterien wurden für die Entscheidung angelegt?) und nach den Inschriften. Diese zeigen besonders deutlich die Absicht der Denkmalsstifter.

Schließlich muss die Wirkung des Denkmals untersucht werden: Wie wirkte es bei der Errichtung und später, zum Beispiel nach politischen Umbrüchen? Ein Nationaldenkmal des 19. Jahrhunderts konnte nach 1918, 1933 und 1945 — und hier wiederum in der Bundesrepublik Deutschland oder der DDR — ganz unterschiedlich gewirkt haben. Zur Ergänzung sind hier zeitgenössische Quellen, vor allem Zeitungsartikel, autobiografische Zeugnisse, Briefe etc. heranzuziehen. Schließlich kann man fragen, wie das Denkmal heute noch auf den Betrachter wirkt. Hierzu können z. B. Passantenbefragungen durchgeführt werden.

Checkliste: Denkmäler analysieren

✔ *Standort:* Stadtzentrum, großer Platz, Kirchplatz, Erhebung vor der Stadt, Hain, Friedhof etc. Was soll mit der Wahl des Standortes bewirkt werden? (ständige Präsenz im Alltag, Ruhe der Natur etc.)

✔ *Typ:* Mahnmal, Siegesdenkmal, Heldendenkmal, Standbild etc.

✔ *Erscheinungsform und Wirkung:* figürliche Plastik, Obelisk, Säule, Kubus, Wand etc. Welchen Ausdruck vermittelt die architektonische Form? Wirkt das Denkmal anrührend, überwältigend, aggressiv?

✔ *Symbole und Allegorien:* Kreuz, Adler, Fahne etc. In welchem Zusammenhang tauchen solche Bilder auf? Was soll mit ihnen ausgedrückt werden?

✔ *Inschriften:* Welchen Aspekt hebt die Inschrift hervor? Will sie den Betrachter nur informieren oder auch beeinflussen?

✔ *Funktion und Rezeption:* Welche Funktion sollte das Denkmal bei seiner Errichtung erfüllen? Wie haben sich gesellschaftliche und politische Veränderungen auf die Wahrnehmung des Denkmals ausgewirkt? Wie wird es heute wahrgenommen und beurteilt?

Umgang mit Denkmälern

Nicht zuletzt sind die öffentlichen Debatten über die Errichtung von Denkmälern von besonderem historisch-politischem Interesse. Dies zeigen auch aktuelle Diskussionen wie etwa vor einigen Jahren der Streit über die Frage, ob am „Deutschen Eck“ in Koblenz wieder eine Kaiser-Wilhelm-Statue aufgestellt werden sollte, oder der Konflikt um das Holocaustdenkmal in Berlin. Das gleiche gilt für die Zerstörung von Denkmälern, vor allem nach politischen Umbrüchen. So wurden etwa nach 1933 Denkmäler für jüdische Bürger oder nach nationalsozialistischer Kunstauffassung „entartete“ Denkmäler vernichtet, nach 1945 NS-Denkmäler und nach 1989 im früheren Ostblock zahlreiche Marx-, Engels-, Stalin- oder Thälmann-Denkmäler. Ein drittes Beispiel ist der aktuelle Umgang mit Denkmälern, deren Geschichtsauffassung heute mehrheitlich nicht mehr geteilt wird: Wie also soll man beispielsweise mit kriegsverherrlichenden Kriegerdenkmälern umgehen? Soll man sie beseitigen oder als Denkanstoß stehen lassen, sie ergänzen oder kommentieren?

Dietmar von Reeken

Fach- und Sachbücher

Mithilfe von Fach- und Sachbüchern kann man Informationen zu historischen Sachverhalten sammeln und verarbeiten. Wie man geeignete Bücher selber findet, ist unter dem Stichwort → Bibliothek beschrieben.

Anders als → Jugendbücher oder → Romane liest man Fach- und Sachbücher in der Regel nicht komplett von vorne bis hinten, sondern entnimmt ihnen möglichst gezielt die Informationen, die man benötigt oder die einen interessieren. Deshalb ist es wichtig, mit diesen Büchern sinnvoll und effektiv umgehen zu können.

Die Suchstrategie

Etwa nach folgender Checkliste kann man vorgehen:

- *Präzisierung:* Mit welcher Fragestellung gehe ich an das Buch heran? Welche Informationen über „Fakten", über Zusammenhänge, Namen, Daten oder methodische Verfahrensweisen will ich erhalten?
- *Zugriffsweise:* Über das Inhaltsverzeichnis oder Schlagwortverzeichnis (geordnet nach Namen oder Stichwörtern, zumeist hinten im Buch) kann ich mich rasch und gezielt informieren.
- *Einbettung:* Gibt es im Buch bestimmte Perspektiven und Zugriffsweisen des Verfassers, also Vorgaben inhaltlicher oder methodischer Art, die mir als Benutzer bekannt sein müssen, damit ich die mitgeteilten Informationen einordnen kann? Darüber erfahre ich etwas im Vorwort.
- *Auszüge:* Lohnt es sich, einzelne Informationen aus dem Buch festzuhalten? Dafür gibt es verschiedene Methoden des „Exzerpierens": sinngemäße Zusammenfassung, wörtliches Notieren einzelner Passagen oder Kopieren größerer Textstücke.
- *Weitersuchen:* An welchen Punkten habe ich noch keine zufriedenstellende Antwort bekommen, so dass ich an anderen Stellen im Buch weitersuchen muss? Mit Hilfe der Fußnoten/Anmerkungen oder des Literaturverzeichnisses kann ich auch weitere thematisch einschlägige Bücher finden.

Das Exzerpt

Ich exzerpiere (Exzerpt = wörtlich: das Herausgenommene) eine Textpassage wörtlich oder sinngemäß, weil ich

- sie für den Zeitpunkt festhalten möchte, an dem das betreffende Sach- oder Fachbuch mir nicht mehr zur Verfügung steht,
- sie als wesentlich (im Sinne meiner Fragestellung) empfinde,
- sie für eine Argumentation, z. B. als Zitat oder gedankliche Stütze, benötige.

Beim Exzerpieren muss ich immer zwei Punkte beachten:

- den genauen Fundort – also Verfasser, Titel, Erscheinungsort, Erscheinungsjahr, Auflage, Verlag, Seitenzahl – notieren,

- den Argumentationszusammenhang, die Grundaussage und die verwendeten Begriffe in der vom Buch gemeinten Weise bewahren.

Die Inhalts- und Argumentationsskizze

Bisweilen reicht es nicht, einzelne Exzerpte anzufertigen oder ausgewählte Zitate zu verwenden. Wenn man möglichst knapp und geordnet die Hauptaussagen eines Fach- oder Sachbuches zusammenfassen will, muss man auf folgende Punkte achten:

- den gedanklichen Aufbau so wiedergeben, dass er nachzuvollziehen ist,
- sprachlich Distanz zu den Aussagen des Autors halten (am besten durch die Verwendung des Konjunktivs, aber auch Formulierungen wie: „der Autor behauptet, dass …“),
- sachlich informierend (am besten im Präsens) schreiben, auch dann, wenn das Buch z. B. in einem ironischen Stil geschrieben ist.

Der Aufbau einer solchen Textwiedergabe kann sich an folgenden Punkten orientieren:

- Zuerst die Textsorte (z. B. Sachbuch), dann Autor, Titel usw., darüber hinaus evtl. die historische Epoche (z. B. Antike) oder Perspektive (z. B. Mentalitätsgeschichte) nennen.
- Dann die eigentliche Inhalts- und Argumentationsskizze in folgender Reihenfolge:

— das Thema (die Frage- oder Problemstellung)
— die Kernaussage (z. B. in Thesenform)
— wichtige Schritte der Darstellung und Argumentation (wobei die Begründungen, Schlussfolgerungen, Forderungen, Belege usf. herauszustellen sind)
— die zusammenfassende Argumentationslogik (evtl. auch in Form einer grafischen Darstellung).

Harm Mögenburg

Filme

Auch Filme sind Quellen – wofür allerdings, hängt von der Filmart und der Fragestellung des Betrachters ab. Grundsätzlich unterscheiden kann man drei verschiedene Typen von Filmen, die für historische Fragestellungen von Interesse sind:

- *Filmdokument*: Hierbei handelt es sich um zeitgenössische Filmaufnahmen. Beispiele sind etwa die häufig im Fernsehen gezeigten Wochenschauen, aber auch private Filmaufnahmen.
- *Dokumentarfilm*: Er arbeitet mit überlieferten, authentischen Filmaufnahmen, also Filmdokumenten, und bringt diese mit ergänzenden Kommentaren, Grafiken, Karten, aktuellen Aufnahmen etc. in einen erzählerischen Zusammenhang. So entstehen beispielsweise die zahlreichen zeitgeschichtlichen Dokumentationen im Fernsehen, vor allem zur NS-Zeit.
- *historischer Spielfilm*: Bei ihm ist die Geschichte Schauplatz von – erfundenen oder „wahren" – Erzählungen und spannenden Handlungen. Die Palette reicht von „Ben Hur" und „Cleopatra" über „Robin Hood" bis hin zu „Schindlers Liste".

Die dokumentarische Zuverlässigkeit

Zwar scheinen Filmdokumente näher an der historischen Wirklichkeit zu sein als historische Spielfilme, doch auch sie geben nicht einfach nur wieder, was geschehen ist. Eine Wochenschau beispielsweise benutzt zwar die zeitgenössischen Bilder, kann aber durch Auswahl, durch Perspektive und andere filmische Mittel (s. u.) eine bestimmte Sichtweise dieser Wirklichkeit präsentieren oder gar bewusst manipulieren. Das gleiche gilt für Dokumentarfilme, die z. B. im Auftrag von Regierungen, Wirtschaftsunternehmen, Parteien, Militär entstehen und dem Zuschauer jeweils eine spezifische Deutung von Ereignissen und Prozessen vermitteln wollen. Umgekehrt kann der historische Spielfilm sich durchaus erfolgreich um historische Authentizität (Wahrhaftigkeit) bemühen. Bis ins kleinste Detail können Ausstattung, Kostüme, Requisiten etc., aber auch das Denken und Handeln von Personen historische Wirklichkeit präsentieren, die dem Kenntnisstand der wissenschaftlichen Forschung entspricht.

Der Filmtyp sagt also noch nicht alles über die Zuverlässigkeit eines Films als Quelle. Meistens kann man aber davon ausgehen, dass Dokumente Quellen für die im Film dargestellte Zeit sind, während Spielfilme Quellen für die Entstehungszeit des Films sind. Filmdokumente können z. B. belegen, dass ein Ereignis, eine Politikerrede oder eine Demonstration überhaupt stattgefunden hat. Und sie können Informationen über die Umstände vermitteln: die Sprechweise des Redners, die Reaktionen der Zuhörer, die Kleidung und Haltung der Demonstranten. Wie zuverlässig diese Aussagen sind, muss allerdings im Einzelfall überprüft werden. So sagt die Aufnahme einer Hitler-Rede nur bedingt etwas darüber aus, wie Hitler tatsächlich redete oder wie er „war"

Vielmehr zeigt sie, wie man ihn damals als Zuschauer wahrnehmen sollte.
Spielfilme sind vielfach für ein Massenpublikum entworfen und versuchen, dessen mögliche Erwartungen oder Wünsche anzusprechen (oder sie gezielt zu beeinflussen), damit die Menschen ins Kino gehen oder den Fernseher einschalten. Damit sind Spielfilme eine Quelle für die Mentalität einer Epoche. Selbst Spielfilme ohne jeden historischen Bezug liefern Hinweise auf den „Zeitgeist“: Der Boom einer bestimmten Filmgattung, z. B. von Science-Fiction-Filmen, kann als Zeichen für das verbreitete Bedürfnis nach einer Flucht aus der Gegenwart interpretiert werden, die man als unbefriedigend oder belastend empfindet. Die große Popularität der Heimatfilme in den Fünfzigerjahren lässt darauf schließen, dass sich die deutsche Bevölkerung in der Nachkriegszeit nach heiler Welt, nach festen Werten und dem Sieg des Guten im Menschen sehnte. Manchmal können Spielfilme auch den Charakter von Filmdokumenten haben. So benutzten manche Filme aus den ersten Jahren nach dem Zweiten Weltkrieg die Trümmerlandschaft der deutschen Städte als Kulisse, die sonst vielleicht gar nicht filmisch überliefert wäre.

Vor- und Nachteile des Films

Filme haben gegenüber schriftlichen und anderen Quellen entscheidende Vorteile:

- Sie vermitteln stärker die Atmosphäre des Zeitgeschehens (etwa Freislers Geschrei vor dem Volksgerichtshof, das aus den Verhandlungsprotokollen so nicht zu erschließen ist).
- Sie präsentieren auch scheinbar Unwesentliches, das z. B. ein Zeitungsbericht über ein Geschehen nicht für wichtig gehalten hätte (etwa die Kleidung von Demonstranten oder die Gesichtsfarbe eines erregten Redners). Sie liefern so eine größere Realitätsnähe, weil sie die ganze Komplexität eines Geschehens zeigen.
- Sie sind die Massenkommunikationsmittel des 20. Jahrhunderts, ohne die viele Phänomene der modernen Gesellschaft nicht zu verstehen sind.

Dem gegenüber stehen auch einige Probleme:

- Filme zeigen nur das Sichtbare, können also Hintergründe, Gefühle, Gedanken etc. nur schwer abbilden.
- Fime zeigen immer nur einen Ausschnitt des Geschehens.
- Fime zeigen diesen Ausschnitt aus einer bestimmten Perspektive.
- Filme konzentrieren sich meist auf besondere Ereignisse oder Personen, die für besonders wichtig gehalten werden, während z. B. der Alltag einfacher Menschen nicht unbedingt filmisch festgehalten wird.
- Filme besitzen auch für den heutigen Betrachter z. T. noch eine große Suggestivkraft (gerade viele Filme aus der NS-Zeit) oder erscheinen lächerlich. Beides macht es schwer, die nötige kritische Distanz aufzubauen.

Mit Filmen als historischen Quellen arbeiten

Wie jede andere Quelle muss man auch Filme kritisch überprüfen, um ihre Glaubwürdigkeit und ihre Ergiebigkeit für die Beantwortung der eigenen historischen Fragestellung beurteilen zu können. Dabei spielen die formalen Mittel der Filmsprache eine wichtige Rolle:

- Kameraeinstellungen, also Einstellungsgröße (Totale, Halbtotale, Nah- oder Detailaufnahme etc.), Blickwinkel der Kamera (Normalsicht, Unter- oder Obersicht bzw. Frosch- oder Vogelperspektive), Bewegung der Kamera (Statik, Zoom etc.), Verwendung von Licht und Schatten

Perspektiven

Normalsicht: Die Kamera befindet sich auf Augenhöhe der abgebildeten Person oder einer entsprechenden Höhe gegenüber einem Gegenstand. Gleichberechtigung und Dialogbereitschaft werden signalisiert.

Untersicht oder Froschperspektive: Die aufgenommene Person oder Sache erscheint bedeutend, manchmal sogar furchteinflößend.

Aufsicht oder Vogelperspektive: Die aufgenommene Sache erscheint aus einer größeren Distanz, einsam, verlassen bis hin zu einer Geringschätzung.

- Schnitt und Montage der Szenen
- Ton (Geräusche, Musik, Dialoge, Kommentare)

Für eine genaue Analyse müssen einzelne Ausschnitte betrachtet und ggf. mehrfach wiederholt werden. Es ist sinnvoll, konkrete Beobachtungsaufträge zu verteilen, weil nicht jeder gleichzeitig auf alles achten kann. Die Ergebnisse sollten protokolliert und anschließend miteinander verglichen werden. Zweifelsfälle muss man ggf. noch mal am Filmausschnitt überprüfen und diskutieren.

Eine eingehende Filmanalyse kann sich aber nicht auf die Untersuchung des Filmmaterials selbst beschränken. Um seine historische Relevanz beurteilen zu können, bedarf es weiterer Schritte:

- *Hintergrundinformationen:* Filmhistorische Literatur liefert Informationen zum Produktionsprozess von Spielfilmen, aber auch Dokumentarfilmen (Auftraggeber, Motive, Finanzierung, Einflussnahmen auf das Drehbuch, Auswahl der Ausschnitte bzw. der Schauspieler, Vermarktung usw.).
- *Wirkung des Films:* Wie wirkt der Film auf mich als heutigen Betrachter? Hier sollten die Eindrücke ausgetauscht werden. Wie hat er auf die Zeitgenossen gewirkt? Hierzu müssen andere Quellen (autobiografische Zeugnisse, Zeitungsartikel, Filmkritiken etc.) sowie filmhistorische und allgemeinhistorische Literatur hinzugezogen werden.
- *Entstehungszeit und -bedingungen:* Schließlich stellt sich die Frage, warum gerade zu diesem Zeitpunkt dieser Film gedreht oder diese Filmgattung bevorzugt wurde. So ist der Boom der Preußen-Filme im nationalsozialistischen Deutschland u. a. das Resultat eines Versuchs, die eigenen politischen und militärischen Zielsetzungen historisch zu legitimieren. Umgekehrt kann es von Bedeutung sein, dass bestimmte Themen filmisch nicht repräsentiert sind, weil sie in der Gesellschaft verdrängt bzw. tabuisiert oder schlicht vom Staat verboten werden.

(Landesbildstelle Hamburg, Handreichung Sekundarstufen I und II: Medienerziehung, Hamburg 1992, S. 60)

Kamera-Einstellungen

In der *Totalen* (1) wird dem Zuschauer ein Überblick über das Geschehen geboten. Häufig lässt sich diese Einstellung am Anfang oder Ende eines Filmabschnittes finden. Menschen sind in der Regel nur klein zu sehen. Gebäude sind ganz erkennbar.

In der *Halbtotalen* (2) wird das Geschehen nähergerückt. Deutlich sind Personen jetzt erkennbar, die Gebäude sind „angeschnitten", Personen im Vordergrund des Bildes sind von Kopf bis Fuß zu sehen.

In *Halbnah* (3) gewinnen Personen an Bedeutung, Personen im Vordergrund sind etwa von den Knien aufwärts bis zu den Kopfhaaren zu sehen.

In *Nah* (4) sind mimische und gestische Aktionen von Personen genau zu erfassen. Das Filmbild zeigt den Oberkörper und den Kopf. Als Überblicksaufnahme, die zum Beispiel auch Handbewegungen miterfasst, wird diese Einstellung in Dialogszenen häufig gebraucht.

In *Groß* (5) wird der Kopf einer Person bildfüllend gezeigt und damit über mimische Reaktion ein Einblick in das Gefühlsleben des Dargestellten nahegelegt. Großaufnahmen stehen in der Filmdramaturgie häufig für Spannungshöhepunkte.

In *Detail* (6) wird ein besonderer Akzent auf ein bedeutungsvolles Merkmal einer Person oder einer Sache gelegt.

- *Vergleich:* Verschiedene Filme zum gleichen Thema aus verschiedenen Zeiten oder aus verschiedenen Ländern können nebeneinander gestellt werden, (z. B. Wochenschauberichte aus Deutschland und Frankreich).

Dietmar von Reeken

Fotos

Fotografien gelten als eine objektive Wiedergabe von Wirklichkeit: Ein Foto zeigt, was ist. Tatsächlich erlauben Fotografien eine hohe Annäherung an die Wirklichkeit. Das macht sie auch als Quellen für den Historiker besonders wertvoll. Etwa seit den Achtzigerjahren des 19. Jahrhunderts war die (Schwarz-Weiß-)Technik so weit entwickelt, dass man in ausreichender Qualität auch außerhalb eines Studios fotografieren konnte. Seit dieser Zeit können uns Fotos eine Fülle von alltagsgeschichtlichen Erkenntnissen vermitteln: Wie sahen Städte, Häuser, Wohnungen aus, wie Fabriken und Werkzeuge, wie kleideten sich die Menschen?

Historische Fotos zeigen aber nicht einfach ein Bild vergangener Wirklichkeit. Wie andere Bilder sind auch Fotos vielen Einflüssen ausgesetzt; sie müssen vom Historiker deshalb genauso sorgfältig betrachtet und untersucht werden wie andere Bildquellen und Quellen überhaupt.

Wie das Bild entsteht, das wir sehen

Zunächst geht es um das Fotografieren selber. Der Fotograf hält einen bestimmten Augenblick fest – was davor und danach zu sehen war, erfahren wir in der Regel nicht. Er wählt einen Ausschnitt und eine Perspektive – von ein und demselben Motiv können so ganz unterschiedliche Fotos entstehen. Schon diese Entscheidungen des Fotografen bestimmen also darüber, was wir auf dem Bild zu sehen bekommen. Auch die Technik nimmt darauf Einfluss, in welcher Weise uns auf dem Foto Wirklichkeit entgegentritt. Ein Teleobjektiv z. B. staucht die Entfernungen und rückt die Gegenstände enger zusammen, ein Weitwinkelobjektiv streckt das Bild.

Ist das Foto einmal entstanden, lässt es sich immer noch beim Entwickeln oder beim Abdruck verändern. Früher war es gang und gäbe, Porträtfotos zu retuschieren, die Abbildung nachträglich zu schönen. Besonders in der stalinistischen Sowjetunion wurde diese Technik verwendet, um vorhandene Fotos den jeweils herrschenden Machtverhältnissen anzupassen. Wer politisch in Ungnade fiel, wurde wegretuschiert – die bildliche Erinnerung an ihn sollte getilgt werden. Aber es muss nicht immer gleich eine bewusste und gezielte Fälschung sein. Fotos in Tageszeitungen werden meist beschnitten, d. h. man wählt einen besonders interessanten Ausschnitt aus dem Bild. Manchmal geschieht dies auch mit historischen Fotos in Schulbüchern oder Bildbänden. Fotos als Quellen sollte man jedoch möglichst im Original abdrucken oder zumindest auf den Beschnitt hinweisen, so wie man ja auch bei → Textquellen die Auslassungen markiert.

Was Fotos zeigen oder nicht zeigen

Auch wenn wir wissen, dass ein Foto nicht nachträglich verändert worden ist, muss es nicht unbedingt das zeigen, was zu zeigen es vorgibt. Viele bekannte und auch in Schulbüchern abgedruckte Fotos geben keine originalen, sondern für den Fotografen wiederholte und gestellte Szenen wieder: Deutsche Soldaten legen 1939 einen Schlagbaum an der polnischen Grenze nieder, nach der Eroberung Berlins hisst ein Rotarmist die sowjetische Flagge auf dem Reichstag, amerikanische und sowjetische Soldaten reichen sich an der Elbebrücke von Torgau die Hand ...

Aussagekraft als historische Quelle hat ein Foto nur, wenn wir einigermaßen genau wissen, was es zeigt, wo und wann es aufgenommen wurde. In den wenigsten Fällen geht das aus dem Foto selber hervor; wir benötigen Zusatzinformationen. Ein Foto aus dem Zweiten Weltkrieg mit deutschen Soldaten und toten Zivilisten: Haben hier die Deutschen Juden umgebracht oder haben sie etwa von Ukrainern ermordete Russen aufgefunden?

In unserer bildlich geprägten Welt neigen wir dazu, nur das für existent zu halten, was im Bild vorweisbar ist. Wie sehr das in die Irre führen kann, lässt sich leicht an der eigenen Familiengeschichte, wie sie in Fotoalben dokumentiert ist, klarmachen. Feste, Feiern und Urlaube sind die Hauptthemen, das Alltagsleben tritt kaum in Erscheinung. Genauso überliefern Fotos nicht etwa die Vergangenheit in ihrer ganzen Breite, sondern heben hervor, was den Zeitgenossen jeweils darstellungs- und dokumentationswürdig erschien. Meist war das eben nicht das Normale, sondern das Besondere. Deshalb stellt sich immer auch die Frage nach der Repräsentativität von Fotos. Können wir aus einem Bild, das nach dem Kriegsbeginn 1914 jubelnde Menschen zeigt, schließen, dass damals alle gejubelt haben? Wer nicht begeistert war, blieb zuhause. Davon gibt es kein Foto. Auch unter diesen Gesichtspunkten muss man also, um Fotos richtig bewerten zu können, noch zu anderen Quellen greifen.

Was wir auf Fotos wahrnehmen

Was wir auf Fotos sehen sollen, wird uns oft durch eine Bildlegende vorgegeben. Häufig lassen Fotos aber ganz gegensätzliche Auslegungen zu. Was zeigt ein Bild gewaltsamer Auseinandersetzungen zwischen demonstrierenden Studenten und der Polizei im Jahre 1968: „Brutalen Polizeiterror gegen jugendliche Demonstranten“ oder „Polizeilichen Selbstschutz gegen jugendliche Gewalttäter“? Wenn wir Fotos als historische Quellen betrachten, müssen wir sie selber befragen und dürfen uns keine Deutungen, die über reine Informationen hinausgehen, durch Bildtexte suggerieren lassen.

Den Umgang mit Fotos erproben

Wie Fotos Wirklichkeit nicht einfach wiedergeben, sondern auch deuten, kann man sich durch eigenes Experimentieren mit Fotos verdeutlichen.

- *Selber Fotos machen*

Mit eigenen Fotos lässt sich erproben, welche Wirkung Ausschnitt oder Perspektive auf die

Checkliste: Fotos analysieren

Wer historische Fotos analysieren will, braucht zunächst möglichst genaue Informationen über ihre Entstehung. Das Bild selber muss man daraufhin untersuchen, was es zeigt und wie dies gezeigt wird. Außerdem ist zu berücksichtigen, ob das Foto nachträglich verändert worden ist, in welchem Zusammenhang es veröffentlicht und präsentiert wurde und was damit beim Betrachter bewirkt werden sollte.

Bildentstehung

✔ Situation und Zeitpunkt
✔ Szene oder Motiv
✔ Fotograf, Auftraggeber, Zielpublikum

Bildgestaltung

✔ Figuren, Gegenstände, Konturen
✔ Kompositionsschema
✔ Technische Mittel: Ausschnitt, Perspektive (Normal-, Unter-, Obersicht) (→ Filme), Einstellung (Nähe zum Objekt), Brennweite (Dehnung oder Stauchung der Entfernung durch Wahl des Objektivs bzw. Objektiveinstellung)

Bildbearbeitung und -präsentation

✔ Nachträgliche Bearbeitung (Retusche, Beschnitt oder Montage)
✔ Zusammenhang der Präsentation (mit anderen Bildern, auf Bildseiten etc.)
✔ Bildlegende, Kommentar (dem Bild unterlegte Bedeutung)

Zusammenfassung

✔ Welche Informationen über die Vergangenheit lassen sich dem Bild entnehmen?
✔ Welche Botschaft, welche Deutung seines Gegenstandes vermittelt das Bild? Handelt es sich um eine gewollte Wirkung und mit welchen Mitteln wird sie erzielt?

Darstellung einer Person haben: Wie fotografiere ich eine Person so, dass sie wichtig oder unwichtig wird? Wie nehme ich mit einem Foto für jemanden Partei?

● *Bildlegenden schreiben*

Legenden deuten Fotos, sie sagen dem Betrachter, was er auf dem Bild sehen soll. Zu geeigneten Bildern, die verschiedene Auslegungen zulassen, kann man Texte aus gegensätzlicher Perspektive verfassen.

● *Ein Fotopanorama zusammenstellen*

Eine Zeitsituation (z.B. die Fünfzigerjahre) oder ein historisches Großereignis (der Zweite Weltkrieg) soll durch wenige Fotos repräsentativ bebildert werden. Das schärft den Blick dafür, dass Fotos selber, natürlich aber auch ihre Auswahl und Zusammenstellung Geschichte deuten und unsere Vorstellungen der Zeit, die Bilder in unseren Köpfen, prägen. Jeder oder jede wird bei diesem Versuch zu unterschiedlichen Ergebnissen kommen, die sich vergleichen und diskutieren lassen.

- *Familienfotos untersuchen und Fotos als Sprechanlässe verwenden*

Fast alle haben ihre private Sammlung historischer Fotos zu Hause – die Familienbilder. An ihnen kann man untersuchen, welche Situationen vorwiegend aufgenommen worden sind, welche Kleidung die Personen trugen, wie die Einzelperson oder die Familie sich präsentiert haben. Das kann Einsichten in die Lebens- und Wirtschaftsverhältnisse der Zeit, in Geschlechterrollen und Familienstrukturen vermitteln. Fotos können aber auch als Gesprächsanlässe für die älteren Generationen dienen.

Michael Sauer

Jugendbücher

Erzählende historische Jugendbücher sind in der Regel nicht von Wissenschaftlern geschrieben und sollen auch nicht wissenschaftlich verbürgte Geschichte präsentieren. Sie sollen vielmehr Geschichten erzählen, die in einer bestimmten historischen Situation spielen. Diese historische Situation ist allerdings für die Handlung des Romans von besonderer Bedeutung. Dadurch unterscheidet sich das historische Jugendbuch z. B. von Abenteuergeschichten, die zwar in einer anderen Zeit spielen, aber diese Zeit nur als farbige oder exotische Kulisse benutzen.

Historische Jugendbücher können für den Geschichtsunterricht in zweifacher Hinsicht interessant sein: Jugendbücher, die zu früheren Zeiten entstanden sind, können uns als Quelle für die politischen Überzeugungen, die Weltsicht oder die Wertvorstellungen einer Epoche dienen; Beispiele hierfür sind etwa Kolonialromane des Kaiserreichs oder viele NS-Jugendbücher. Meist aber sind Jugendbücher eine Form der Darstellung von Geschichte wie ein → Schulbuchtext oder ein historischer Essay in einer Zeitung, allerdings in erzählerischer Form.

Vor- und Nachteile

Im Vergleich mit anderen Medien des Geschichtsunterrichts haben historische Jugendbücher vor allem zwei Vorteile: Zum einen kann Geschichte durch das Schicksal, das Handeln oder Nicht-Handeln von konkreten Menschen anschaulich, plastisch, vorstellbar werden. Zum anderen wird in historischen Jugendbüchern häufig von solchen Menschen erzählt, von denen wir durch unsere überlieferten Quellen (→ Textquellen) nur wenig erfahren, also von der Masse der Bevölkerung, von Armen, von Kindern und Jugendlichen, von Randgruppen der Gesellschaft usw.

Jugendbücher haben denselben Nachteil wie viele andere Formen der Geschichtsdarstellung: Es ist nicht auf den ersten Blick zu erkennen, inwiefern das Geschehen tatsächlich historisch plausibel ist: Hätte die Geschichte so oder so ähnlich passieren können? Gründet die Darstellung auf nachprüfbaren historischen Fakten oder ist das meiste mehr oder weniger gut erfunden? Außerdem sind bewusste oder unbewusste Manipulationen durch die erzählerische Form leichter und unauffälliger zu transportieren als bei einem nüchternen Schulbuchtext.

Kreativer Umgang mit historischen Jugendbüchern

Kreative Arbeitsverfahren ergänzen den Text und führen ihn fort, bringen neue Sichtweisen und eigene Urteile ins Spiel. Und sie machen Spaß, weil der literarische Text nicht nur „seziert“ wird.

Texte referieren

- Vorstellung von Büchern zum Unterrichtsthema durch Referate

Checkliste: historische Jugendbücher analysieren

Auch hier müssen wir grundsätzlich zwei Vorgehensweisen unterscheiden. Wenn wir das Jugendbuch als Quelle benutzen (s. o.), dann müssen wir es auch wie eine Quelle behandeln, das heißt nach den Regeln der Quellenkritik und Quelleninterpretation (→ Textquellen). Als Darstellung von Geschichte in erzählerischer Form müssen historische Jugendbücher kritisch auf ihre Plausibilität hin überprüft werden. Dazu einige Leitfragen:

Identifikationsfigur(en)

✔ Wer wird als Identifikationsfigur angeboten?

✔ Ist die Identifikationsfigur repräsentativ für eine bestimmte Gruppe, Schicht oder Klasse in der betreffenden Gesellschaft?

✔ Ist die Identifikationsfigur überwiegend Handelnder in oder Leidender an den gesellschaftlichen Prozessen?

✔ Macht die Identifikationsfigur im Verlauf des Geschehens eine Entwicklung bzw. einen Lernprozess durch?

✔ Wird das Geschehen ausschließlich aus der Sicht der Identifikationsfigur dargeboten oder treten andere Perspektiven hinzu?

✔ Ist die Identifikationsfigur auf ihre unmittelbare Umwelt fixiert oder nimmt sie schon übergreifende politische, gesellschaftliche, wirtschaftliche Entwicklungen wahr?

Historischer Hintergrund

✔ Wird das Geschehen zeitlich genau fixiert?

✔ Werden historisch nachweisbare Ereignisse und/oder Personen erwähnt? Wie werden sie dargestellt?

✔ Wird das Geschehen in gesamtgesellschaftliche politische, ökonomische, soziale und kulturelle Entwicklungen bzw. Gegebenheiten eingebettet?

- Referate über ein Jugendbuch zur Vertiefung, zum Perspektivenwechsel oder zur Kontrastierung gegenüber dem Unterricht (Strukturen des NS-Staates im Unterricht – Einzelschicksal im Jugendbuch)
- kritische Kurzrezension von Jugendbüchern auf Basis von Unterrichtswissen („Steckbriefe“)

Texte ergänzen und umschreiben

- Briefe an Personen im Buch schreiben
- einen inneren Monolog einer handelnden Person schreiben und ihre Motive ausführen
- einen Tagebucheintrag einer Person schreiben
- eine Figur des Textes in der Ich-Form vorstellen

Historische Problemdarstellung

✔ Welche individuellen bzw. gesellschaftlichen Probleme stehen im Mittelpunkt der Handlung?

✔ Werden Ursachen für die behandelten Probleme/Konflikte genannt oder erscheinen sie als schicksalshaft?

✔ Welche Qualität haben die angegebenen Ursachen: Liegen sie ausschließlich im Individuum begründet oder werden überindividuelle Phänomene verantwortlich gemacht?

✔ Werden punktuelle und/oder systematisierende Erklärungen gegeben?

✔ Werden die Interessen der Handelnden dargestellt und erklärt?

✔ Erscheinen historische Zustände als geworden und damit prinzipiell als veränderbar?

✔ Werden Vorurteile, Klischees und Ideologien bestätigt oder in Frage gestellt?

✔ Wie werden „andere" Lebensformen beschrieben? Wird ihre Existenzberechtigung verfochten oder erscheinen sie lediglich als exotisch, schablonenhaft, unheimlich?

✔ Werden die dargestellten Probleme/Konflikte einer Lösung nahegebracht oder erscheinen sie am Ende des Buches als unlösbar?

✔ Welche Qualität hat die angebotene Lösung: Erscheint sie zufällig oder ist sie gewollt? Wird sie durch die heldenhafte Leistung eines Einzelnen oder das solidarische Zusammenwirken einer Gruppe erreicht?

✔ Welche Normen bzw. Verhaltensweisen werden dem Leser nahegelegt? Werden diese als natürlich, gottgegeben oder zwangsläufig beschrieben oder werden sie zur Diskussion gestellt? Wird dem Leser Anpassung an ungerechte Zustände oder Widerstand gegen sie empfohlen?

Gegenwartsbezug

✔ Werden die in dem Buch beschriebenen Geschehnisse mit gegenwärtigen Entwicklungen verglichen?

✔ Dienen die beschriebenen Geschehnisse dazu, heutige Probleme besser zu verstehen?

✔ Provoziert die Darstellung dazu, gegenwärtiges Denken und Handeln zu überprüfen und gegebenenfalls zu ändern?

Darstellungsmittel

✔ Arbeitet der Autor ausschließlich mit Atmosphäre und Identifikationsangeboten oder wird der Erzählgang durch erklärende Teile unterbrochen?

✔ Ist dem Buch ein „Apparat" (Bilder, Quellen, weitere Literaturhinweise, Worterklärungen u. ä.) beigegeben?

- eine Vor- oder Nachgeschichte für die Erzählung schreiben
- eine Nebenhandlung weiter schreiben
- die Lektüre abbrechen und die Fortsetzung schreiben
- Alternativen zur Erzählhandlung entwickeln („Hätte die Person auch so handeln können?")
- die Geschichte aus der Perspektive einer anderen Figur des Textes schreiben
- Wechsel der Zeit: die Geschichte für eine andere Zeit neu erzählen
- Wechsel des Geschlechts: was ändert sich, wenn der Held zur Heldin wird oder umgekehrt?

Texte in ein anderes Medium übersetzen

- in ein Rollenspiel, ein Hörspiel, ein Video übertragen
- einen Zeitungsartikel über das Geschehen aus damaliger oder heutiger Perspektive schreiben
- Textszenen in ein Bild oder einen Comic umsetzen
- zu Textszenen einen Plan oder eine Karte entwerfen
- einen (neuen) Cover-Titel für ein Buch gestalten

Eine eigene Erzählung schreiben

- ein Drehbuch entwerfen und umsetzen: historische Ausgangssituation, Szenario, Figurencharakteristiken, Handlungsschema
- eine eigene Erzählung aus einem Quellentext heraus entwickeln (verschiedene Erzählungen einzelner Schülergruppen, unterschiedliche Hauptfiguren und Perspektiven, evtl. in Anlehnung an den Werkstattbericht eines Autors)

Dietmar von Reeken

Karikaturen

Der Begriff Karikatur kommt aus dem Italienischen und leitet sich von „caricare“ („beladen“ oder „überladen“) ab. Die Reformationszeit brachte eine Vielzahl von Bildsatiren hervor, die den religiösen und politischen Gegner denunzieren sollten. Allerdings handelte es sich bei diesen frühneuzeitlichen „Schandbildern“ nur um eine Vorform der Karikatur, da sie meist keine individuell identifizierbaren Personen, sondern Typen zeigten. Die modernen Karikaturen entstanden in dem ab 1696 weitgehend zensurfreien England.

„Wie stehn wir nun in der Welt da?“
Kladderadatsch, 1884

Sie beziehen sich auf politische Verhältnisse und identifizierbare Politiker. Die Karikatur wird zur politischen Waffe und dient der Auseinandersetzung in der politischen Wirklichkeit. Seitdem ist die Karikatur als gezeichneter Kommentar Gegenstand der politischen Publizistik.

Beispiel für die Entschlüsselung: Mensch-Tier-Vergleich

Bildelemente:
Bismarck = Pfau, radschlagender Pfau = eitler, stolzer, auf Prachtentfaltung bedachter Vogel

Gegenstand des Stolzes: europäische Kongokonferenz sowie (Bismarcks karikaturistisches Markenzeichen sind die drei Haare) Kolonialpolitik, Außenpolitik, Handelspolitik

Karikaturistischer Witz (Spott des Karikaturisten): das prächtige Rad des Pfaus ruht auf zwei hässlichen kleinen Knobelbechern (= Innenpolitik)

Aussage: Diskrepanz zwischen Außen- und Innenpolitik

Checkliste: Karikaturen interpretieren

✔ *Entstehungszeit:* Im ersten Schritt sollte man die Entstehungszeit der Karikatur feststellen. Da Karikaturen jeweils aktuelle Kommentare darstellen, fallen Karikatur und kommentiertes Ereignis zusammen.

✔ *Historische Situation:* Die Situation, auf die sich die Karikatur bezieht, muss beschrieben werden. Die Informationen dazu liefern Schulbücher, Fachliteratur und Nachschlagewerke. Anhaltspunkte zur Identifizierung der Situation können erkannte Personen, aber auch Schriftzeichen und Zahlen in der Zeichnung liefern.

✔ *Darstellungsmittel:* Symbole, Metaphern und Sprachbilder, die der Karikaturist verwendet hat bzw. die dem Bild zu Grunde liegen, müssen entschlüsselt werden. Beispiele:

– *Personifikationen:* Engel = Frieden, Geier = Pleite, Mars = Krieg, Marianne = Frankreich, Michel = Deutschland

– *Symbole:* Krone, Zepter, Hammer und Sichel, Hakenkreuz, Hitlerbärtchen

– *Natürliche Metaphern:* drohendes Unwetter, steigende Flut, schwarz – weiß, groß – klein, dick – dünn, mager – fett

– *Politische Metaphern:* Gleichgewicht, Abschreckung, Entspannung

– *Historische Bildzitate:* der „Lotse verlässt das Schiff", die „Verstrickung des Laokoon"

– *Visualisierte Redensarten:* alle in einem Boot sitzen, den Riemen enger schnallen, den Brotkorb höher hängen

✔ *Tendenz und Intention:* Karikaturen sind Werturteile; historische Karikaturen zeigen, wie Menschen etwas gesehen und beurteilt haben. Diese Urteile, die Position, von der aus sie gefällt wurden, die Adressaten und die Wirkungsabsichten der Karikaturisten gilt es zu rekonstruieren.

Merkmale

- *Verdichtung der bildlichen Mittel:* Die Karikatur zielt auf eine zeichnerische Verknappung von individuellen Erscheinungen. Dabei werden natürliche Verhältnisse (Proportionen und Eigenarten) übersteigert.
- *Tendenz:* Karikaturen sind stets einseitig und parteilich.
- *Lustempfinden:* Das subversive, gegen Mächtige und Herrschende gerichtete Lachen ist ein Moment der Befreiung – wenn auch nur für einen Moment. Das Tendenziöse wird auf diese Weise zur Lustquelle.

● *Publikumsorientierung:* Jede Karikatur braucht mindestens drei „Mitwirkende“: den Karikaturisten, den Karikierten und den Karikaturbetrachter. Wie niemand sich allein Witze erzählt, so benötigt auch der Karikaturist ein Publikum. Er will nicht nur den Karikierten treffen, indem er ihn zum Ziel seiner Aggression und seines Spottes macht, sondern er will auch Zustimmung für seine Kritik. Karikaturen brauchen also einen Sympathisantenkreis.

Das zeichnerische Arsenal

Das zeichnerische Arsenal, aus dem der Karikaturist schöpft, ist das Alltagswissen seiner Kultur. Darin sind Geschichte und Mythen, Sprichwörter, Mensch-Tier-Vergleiche, natürliche Methaphern und Alltagserfahrungen eingegangen. Alle diese Bezüge müssen entschlüsselt werden. Bei historischen Karikaturen ist diese Entschlüsselung besonders schwierig, denn sowohl das zeichnerische Arsenal als auch die karikaturistische Kritik veralten schnell. Zum Beispiel schöpfte das 19. Jahrhundert in der Metaphernsprache der Karikaturen noch intensiv aus der klassischen Mythologie. Auch der historische Anlass der Karikatur ist oft nur von kurzer Aktualität.

Hans-Jürgen Pandel

Karten

Karten erleichtern die Orientierung im Alltag auf Straßen, an fremden Orten, in unbekannten Landschaften. Karten erleichtern auch die Orientierung in der Geschichte: Das Leben der Menschen ereignet sich nicht nur in der Zeit, sondern auch an Orten und in bestimmten geographischen Räumen. Karten können die räumlichen Bedingungen geschichtlicher Ereignisse, Entwicklungen und Zusammenhänge anschaulicher und deutlicher darstellen als ein Text.

Historische Karten – Geschichtskarten

Historische Karten sind Karten aus der Geschichte. Sie wurden in der Vergangenheit erstellt und beschreiben einen Raum nach dem Zustand und dem Erkenntnisstand der früheren Zeit. Sie sind historische Quellen. Geschichtskarten dagegen sind Karten über die Geschichte. Sie werden in der Gegenwart erstellt und zeigen aus heutiger Sicht und nach dem Erkenntnisstand unserer Zeit Sachverhalte aus Politik, Wirtschaft, Kultur, Verkehr oder Gesellschaft eines bestimmten Raumes in der Vergangenheit. Alle Geschichtskarten werden nach einiger Zeit selbst zu historischen Karten.

Checkliste: Historische Karten analysieren

- ✔ Welcher Raum wird dargestellt?
- ✔ Welche geografischen Kenntnisse hatte der Kartenautor?
- ✔ Welche Absicht verfolgte die Kartendarstellung?
- ✔ Wer sollte informiert oder beeinflusst werden?

Das Zeichensystem von Geschichtskarten

Geschichtskarten sind nicht von sich aus anschaulich. Nur mit einem Kartentitel und einer Legende werden solche abstrakten Darstellungen verständlich. Der Titel informiert über das Thema, den Raum und den Zeitabschnitt der Kartendarstellung. Geschichtskarten haben ein eigenes Zeichensystem. Man muss es kennen, um die Karte lesen, verstehen und interpretieren zu können.

Typische Kartensymbole

- *Punkte:* Einzelerscheinungen, Siedlungen, Städte, historische Zentren
- *Linien:* Verkehrswege, Grenzen von Staaten, Sprachen, Völkern, Glaubensrichtungen, Wirtschaftsgebieten, Einflusszonen

Checkliste: Geschichtskarten analysieren

✔ Welches Thema wird dargestellt?
✔ Welcher Raum und welche Zeit werden dargestellt?
✔ Welche Aspekte lassen sich aus der komplexen Kartendarstellung herauslösen?
✔ Welche Bedeutung haben die Zeichen und Farben der Karte?
✔ Welche Informationen kann man aus diesem Zeichensystem gewinnen, ohne andere Informationsquellen zu benutzen?
✔ Welche neuen Fragen ergeben sich aus dieser Interpretation, wo lassen sich ergänzende Informationsquellen finden?

- *Pfeile:* Bewegungsrichtungen, Reisewege, Kriegszüge, Wanderungen, Ideen, kulturelle Strömungen
- *Flächen:* Herrschaftsgebiete, Siedlungsgebiete, staatliche Gliederung
- *Farben:* Gebietsausdehnungen, politische oder kulturelle Zugehörigkeit, Entwicklungsstufen, historische Kontinuitäten. Besonderes Problem: Bedeutungsgehalt von weichen, angenehmen oder harten, aggressiven Farbgebungen
- *Einzelsymbole:* bildhafte Darstellung historischer Ereignisse oder besonderer Erscheinungen
- *Schrift:* Benennung von Objekten und Ereignissen, Unterscheidung der Bedeutung durch Schriftart und Schriftgröße

Statische und dynamische Karten

Geschichtskarten stellen entweder einen Zustand zu einem bestimmten Zeitpunkt dar (statische Karte, analytische Karte) oder Veränderungen in einem bestimmten Zeitraum (dynamische Karten, Entwicklungskarten). Grundsätzlich gibt es zwei Arten der Dynamisierung:

- In einer einzigen Karte werden zum Vergleich zwei oder mehrere verschiedene Zustände eingetragen. Kartografische Mittel sind hier die Veränderung von Grenzlinien, unterschiedliche Farbgebungen oder die Verwendung von Pfeilen und expandierenden Kreisen.
- Eine deutlichere, aber platzraubende Veranschaulichung von Veränderungen sind Kartenfolgen oder Kartenfilme. Sie zeigen Momentaufnahmen von Zuständen mit dem gleichen Maßstab und dem gleichen Ausschnitt zu unterschiedlichen Zeitpunkten.

Eindeutige Karten und komplexe Karten

Geschichtskarten zeigen nicht die Gesamtheit der historischen Zusammenhänge, sondern immer nur das, was der Kartenautor ausdrücken will. Geschichtskarten beabsichtigen gezielte Mitteilungen und gehen aus von den Fragestellungen, Perspektiven und Wertungen des Autors. Es gibt einfache Karten mit wenigen Informationen. Sie sollen die Betrachter mit wenigen eindeutigen Aussagen über einen bestimmten Sachverhalt unterrichten, zuweilen auch von

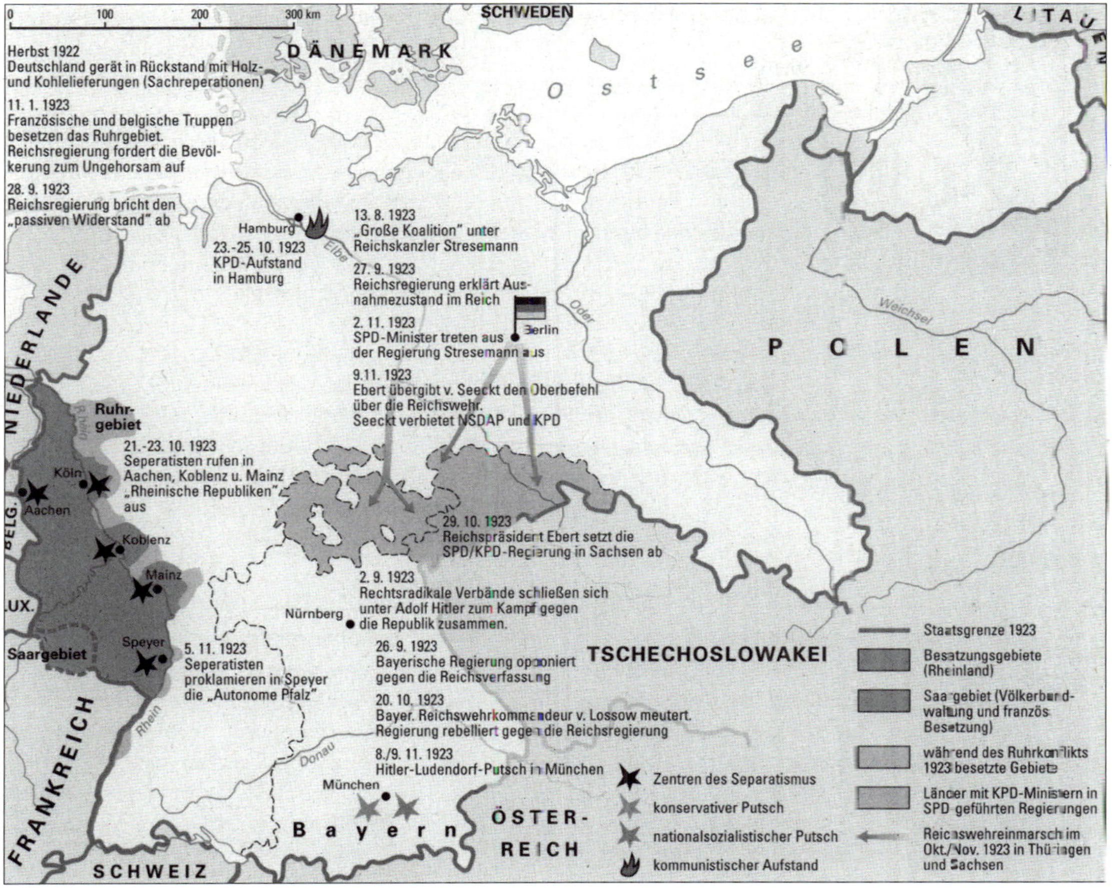

Krisenjahr 1923 — Gewalt auf allen Seiten
(Geschichte und Geschehen, A 4, Stuttgart 1997, S. 47)

einer bestimmten Sichtweise überzeugen. Schwierig ist der Umgang mit so genannten komplexen Karten, die verschiedenartige Informationen zu unterschiedlichen Sachkomplexen enthalten. Solche Karten muss man gezielt im Hinblick auf jene Fragen untersuchen, zu denen man etwas erfahren will.

Beispiel: Interpretation einer komplexen Karte

Die Karte oben entstammt einem Schulbuch. Sie enthält Informationen, die den Darstellungstext ergänzen. Es handelt sich um eine Zustandskarte, die aber einige dynamische Elemente enthält (Pfeile, abgestufte Farbgebung, hier im Druck nur Schwarz-Weiß).

- Die Karte thematisiert einige Belastungen des Deutschen Reiches im Jahr 1923, die in ihrer räumlichen Ausbreitung oder als Ereignisse an bestimmten Orten dargestellt sind. Wie der Kartenautor verschiedene Informationsschichten übereinander legt, so müssen sie vom Kartenleser wieder voneinander getrennt werden, um die Fülle der Informationen zu ordnen. Grundschicht der Darstellung ist eine sehr einfache Flussnetzkarte mit den Reichsgrenzen von 1923. Die Hauptstadt Berlin wird durch eine Flagge mit den neuen Reichsfarben schwarz-rot-gold symbolisiert.
- Kräftige Grenzlinien (Saargebiet) und Farbgebungen (Rheinland) kennzeichnen die in der Folge des Versailler Vertrages angegriffene Souveränität des Reiches. Dünnere innere Grenzlinien heben die Länder Bayern, Thüringen und Sachsen hervor.
- Flächenfärbung und Texte mit genauen Datumsangaben thematisieren den Zusammenhang zwischen Reparationsleistungen, dem so genannten „Ruhrkampf“ sowie dessen Beendigung.
- Explosionssymbole und Texte markieren die Radikalisierung der Entwicklung in Bayern.
- Explosionssymbole und Texte erläutern die Entwicklung des rheinischen und pfälzischen Separatismus. Hier müssen noch Informationen von außen herangezogen werden.
- Farbgebung, Pfeilsymbole und Texte symbolisieren den Zusammenhang zwischen dem Eintritt von KPD-Ministern in die SPD-Regierungen in Thüringen und Sachsen sowie der Reaktion der Reichsregierung.
- Als letztlich isoliertes Phänomen wird der KPD-Aufstand in Hamburg dargestellt, der fast parallel zu den Reichswehraktionen gegen Sachsen und Thüringen unterdrückt wurde.

Ulrich Mayer

Lieder

Auch historische Lieder sind Quellen, aus denen man etwas über die Geschichte lernen kann. Es gibt ganz unterschiedliche Arten von Liedern: Liebeslieder, Trauerlieder, Arbeitslieder, Trinklieder, Kampflieder, Protestlieder, Nationalhymnen usw.

Liedtypen

Am interessantesten als historische Quellen sind solche Lieder, die sich schon zu ihrer Entstehungszeit ausdrücklich auf die historisch-politische Situation bezogen haben. Sie können uns etwas darüber sagen, wie Menschen gelebt, gedacht und gefühlt haben oder denken und fühlen sollten. Vier Haupttypen lassen sich unterscheiden:

- *Klagelieder:* Oft haben Menschen in Liedern ihr Leiden an sozialen oder politischen Verhältnissen, ihre Beschwerden und Veränderungswünsche zum Ausdruck gebracht. Solche Lieder sind alltagsgeschichtliche Quellen aus einer Perspektive „von unten": Sie zeigen uns, wie „kleine Leute" von historischen Ereignissen und Umständen betroffen waren. Das Singen solcher Lieder diente der psychischen Entlastung wenigstens für den Augenblick. Besonders im Absolutismus waren die Bauern-, Gesellen- und Soldatenklagen verbreitet.
- *Protestlieder:* Statt um Klage geht es hier um Anklage – der Übergang ist allerdings fließend. Diese Lieder prangern Missstände an und nennen Schuldige beim Namen. Besonders viele Protestlieder sind in der Zeit der deutschen Revolution 1848/49 entstanden. Die Liedermacher der Sechziger- bis Achtzigerjahre unserer Zeit stehen in dieser Tradition. Diese Lieder enthalten Wertungen, die zu eigener Stellungnahme und Urteilsbildung herausfordern.
- *„Stimmungslieder":* Lieder können der kollektiven Stimmung einer Zeit Ausdruck verleihen. Das beste Beispiel dafür ist die Französische Revolution. Die „Marseillaise", die „Carmagnole" oder „Ça ira" spiegeln die Revolutionsbegeisterung der Menschen und ihre Identifikation mit den neuen Ideen wider.
- *Propagandalieder:* Oft hat man versucht, mit Hilfe von Liedern Menschen zu formieren und kämpferischen Gemeinschaftsgeist zu stiften – für welche Ziele und Zwecke auch immer. Besonders ausgeprägt war das in der Zeit des Nationalsozialismus, aber auch in der DDR. An solchen Liedern lassen sich besonders gut die ideologischen Wirkungsabsichten von Staaten oder Parteien und die Mittel ihrer Umsetzung studieren.

Lieder laden also ein zur Auseinandersetzung mit historischen Wertungen und Perspektiven, Emotionen und Wirkungsabsichten.

Lieder analysieren

Bei Liedern gehören Text und Musik zusammen; gemeinsam machen sie die Wirkung von Liedern aus und deshalb sollte man sie auch gemeinsam untersuchen – auch wenn normalerweise in der Schule dafür verschiedene Fächer (Geschichte, Deutsch, Musik) zuständig sind. Die Texte bieten dabei das geringere Problem: Wie bei anderen → Textquellen auch muss man sich mit dem Entstehungszusammenhang, dem Autor, dem Thema, den Adressaten, der Funktion und der Wirkungsabsicht befassen. Allerdings haben die Liedtexte oft Gedichtform und zeichnen sich durch eine besonders große Vielfalt rhetorischer Mittel aus; darauf muss man bei der Untersuchung achten.

Die Analyse der Musik bzw. der Wirkung des gesungenen Liedes (Musik und Text) kann man in verschiedenen Stufen vornehmen:

- *Lieder kennen lernen:* Am besten ist es, sich Lieder in originalen, d. h. zeitgenössischen Aufnahmen anzuhören. Denn wie Text und Melodie sind auch die Singeweise oder ggf. die Instrumentierung ein Dokument der damaligen Zeit: Das Pathos, in dem ein Männerchor im Wilhelminischen Kaiserreich nationale Lieder sang, befremdet uns heute, sagt uns aber auch etwas über die patriotischen Gefühle der Menschen damals.

Tonaufzeichnungen gibt es allerdings erst seit etwa 1900. Lieder, die vorher entstanden sind oder gesungen wurden, kann man also nur in nachgespielter Form hören, als Tonkonserve, aber evtl. auch von der Lehrkraft.

- *Lieder selber singen:* Lieder selber zu singen kann ein wichtiger Schritt sein, um die eigene Wahrnehmung und emotionale Erfahrung von Liedern zu vertiefen: Wie empfinde *ich* es, mit anderen gemeinsam ein Lied zu singen, das auf Solidarisierung und Agitation zielt? Wie wirkt auf *mich* der Marschrhythmus eines Soldatenliedes? Dabei benutzt man sich sozusagen selber als Versuchskaninchen. Denn man geht von der Annahme aus, dass das Lied früher auf die Menschen etwa genauso gewirkt hat, wie es heute noch auf uns wirkt. Natürlich kann man selber nicht wie ein Schlager- oder Popsänger singen. Aber das ist sogar ganz gut so, denn die historischen Lieder sind ja meist „auf der Straße“, unprofessionell und improvisiert gesungen worden – und auf jeden Fall „unplugged“.
- *Musik in Bewegung umsetzen:* Die Wirkung von Liedern (und von Musik überhaupt) kann man auch dadurch an sich selber erproben, dass man sie in Bewegung umsetzt. Man kann zu Musik klatschen, gehen, passende Gesten vollführen und Haltungen einnehmen. Bei der „Marseillaise“ werden wohl die meisten Hörer „mit geschwellter Brust“ marschieren, bei einem Soldatenklagelied aus derselben Zeit daherschleichen und die Köpfe hängen lassen. Wenn man sich über solche (und genauere) Bewegungserfahrungen austauscht, kommt man dem Charakter der Musik näher.
- *Höreindrücke systematisieren – das „Polaritätsprofil“:* Auch ohne solche Bewegungserfahrungen kann man mit Begriffen beschreiben, wie Musik auf einen wirkt. Ein gutes Hilfsmittel dafür ist das so genannte Polaritätsprofil (Polarität = Gegensatz). Auf einer Skala gegensätzlicher Begriffe ordnet man seine Höreindrücke ein, indem man ein Kreuz in das entsprechende Kästchen setzt. Ein einfaches Beispiel (natürlich kann man auch viel mehr Begriffe verwenden):

	sehr	ziemlich	ein wenig	ein wenig	ziemlich	sehr	
schnell		X					langsam
laut	X						leise
hart			X				weich
heiter				X			traurig

Wenn man die einzelnen Kreuze miteinander verbindet, erhält man das „Profil“ des Stückes. Dieses Verfahren bringt besonders gut zum Vorschein, wie sich verschiedene Lieder in ihrem Ausdruck unterscheiden. Es kann aber auch deutlich machen, dass zuweilen verschiedene Menschen dieselben Stücke anders wahrnehmen können.

- *Musik und Text in Beziehung setzen:* Musik und Text gemeinsam machen die Wirkung eines Liedes aus. Bisher ging es vor allem um den Ausdruck der Musik. Nun lässt sich beides aufeinander beziehen: Wie passt die Musik zum Text? Unterstützt und trägt sie die Textaussage mit musikalischen Mitteln? Manche revolutionären Stücke wie die „Marseillaise“ oder die „Internationale“ haben ihre mitreißende Wirkung vor allen Dingen der Musik zu verdanken. Politische Lieder sind längst nicht immer neu vertont worden; oft wurden sie auf die ältere Melodie eines Volks- oder Kirchenliedes gesungen, das alle kannten. Besser lässt sich die Beziehung von Text und Musik bei eigens vorgenommenen Kompositionen untersuchen. Man kann den Zusammenhang von Musik und Text auch durch eigene Versuche erproben: Wie wandelt sich der Ausdruck eines Textes, wenn man ihn auf eine andere Melodie singt? Was passiert, wenn man das Tempo eines Stücks ändert, z. B. eine Hymne wie das „Deutschlandlied“ als Marsch singt?
- *Die musikalisch-technischen Mittel untersuchen:* Womit erzielt die Musik eigentlich ihre jeweilige Wirkung? Das wirklich genau zu untersuchen ist Sache des Musikunterrichts. Aber auch außerhalb davon kann man mit einfachen Mitteln einige „Hörbeobachtungen“ anstellen; eine spezielle musikalische Vorbildung ist dafür nicht erforderlich. Man kann den Aufbau einer Melodie untersuchen (welche Teile, Wiederholungen, Varianten gibt es?), die Tonhöhenverläufe, die Lautstärke (bei beiden: Höhepunkte, Akzente), das Tempo, den Takt oder die Instrumentierung. Am besten geht das, wenn man jeweils nur auf eine dieser Sachen achtet. Man kann sich dazu entweder zu mehreren die Höraufgaben aufteilen oder muss sich als Einzelner ein Stück mehrfach anhören.
- *Die historische Wirkung von Liedern erkunden:* Wenn wir die Wirkung historischer Lieder an uns selbst erproben, schließen wir von da aus auf die Wirkung, die sie früher auf die Menschen hatten. Historisch genauer und interessanter ist es, etwas über die tatsächliche Wirkung von Liedern herauszufinden. Zeugnisse dafür können z. B. autobiografische Quellen (Erinnerungen, Tagebücher, Briefe), aber auch Polizeiberichte, Gerichtsprotokolle, Verbote und Zensur von Liedern sein.

Michael Sauer

Romane

Ausgerechnet zu Beginn des 21. Jahrhunderts, das oft als Ära der modernen Medien angekündigt wird, erfreut sich die literarische Gattung des historischen Romans wachsender Beliebtheit. Auf den Spitzenplätzen der Bestsellerlisten tauchen immer wieder historische Romane auf. Und wer heutzutage eine Buchhandlung betritt, wird mit Sicherheit auf einen Extra-Tisch oder ein Extra-Regal mit historischen Romanen stoßen und dort zu allen vergangenen Epochen fiktive Erzählungen der unterschiedlichsten Art und Qualität finden. In letzter Zeit scheinen insbesondere historische Kriminalromane bei Lesern sehr gut anzukommen. Das bekannteste Beispiel hierfür ist das – inzwischen auch verfilmte – Buch „Im Namen der Rose" des italienischen Autors Umberto Eco, in dem mysteriöse Todesfälle in einem mittelalterlichen Kloster aufgeklärt werden. Historische Romane sind zwar oft für erwachsene Leser verfasst, jedoch gibt es auch eine große Zahl, die sich speziell an Kinder und Jugendliche richten (→ Jugendbücher).

Historische Fantasie

Warum finden historische Romane ein so breites Publikum? Viele Menschen empfinden das Lesen historischer Sachbücher als langweilig und trocken. Obwohl sie wissen oder zumindest ahnen, dass die Vergangenheit voller interessanter und aufregender Ereignisse steckt, fällt es ihnen doch schwer, sich eine lebendige Vorstellung davon zu machen, wenn sie im wissenschaftlich-neutralen Ton geschildert werden. Anders bei historischen Romanen: Sie behandeln auf dichterisch freie Art geschichtliche Gestalten und Ereignisse oder lassen frei erfundene Gestalten in geschichtlichen Milieus auftreten. Viele Menschen sind von der Mischung aus wirklichem historischen Hintergrund einerseits und erfundenen Handlungen und Personen andererseits fasziniert. Ihnen gefällt es, wenn das Leben in früherer Zeit fantasievoll ausgemalt wird oder wenn sie etwas über die Gedanken und Gefühle der historischen Romanhelden erfahren.

Historische Romane spiegeln Gegenwart

Romane sind eine Literaturgattung, die zu Beginn der Neuzeit aufkam, sich im 18. Jahrhundert als eigenständige Form durchsetzte und im 19. Jahrhundert zur populärsten Literaturgattung aufstieg. Bei den meisten Romanen fallen erzählte Zeit und Entstehungszeit zusammen oder liegen zumindest nahe beieinander, d. h. die Autoren erzählen eine Geschichte, die in ihrer eigenen Gegenwart spielt.
Auch historische Romane sind mit der Zeit verknüpft, in der sie verfasst werden. Die Wahl des historischen Geschehens und die Art der literarischen Gestaltung sind geleitet von Gesichtspunkten, die aus der Gegenwart der Autoren

stammen. Die Themen, die in den historischen Romanen vorherrschen, sagen viel über die verbreiteten Ideale und Ideen der Zeit aus, in der die Romane entstanden: In der Romantik zu Beginn des 19. Jahrhunderts wurde viel über die Ritter des Mittelalters geschrieben, im Deutschen Kaiserreich über die preußischen Könige, im Nationalsozialismus über die alten Germanen.

Wie erzählt man von der Vergangenheit?

Aber Autoren historischer Romane stehen vor dem besonderen Problem, dass sie bei der Konstruktion der Personen, der Handlungen und der gesellschaftlichen Hintergründe ihrer Geschichte nicht oder nur teilweise auf eigene Erfahrungen zurückgreifen können. Wie lassen sich das äußere Geschehen und erst recht die Gedanken- und Gefühlswelt der Personen zumindest annähernd historisch zutreffend schildern?
Der Vergangenheitsbezug in einem historischen Roman kann ganz unterschiedlich aussehen. Einige Autoren benutzen die Vergangenheit nur als illustrierenden Hintergrund oder Kostüm, um eine Geschichte vorzutragen, die ihrem Kern nach heutzutage stattfinden könnte. Beispielsweise schreiben sie eigentlich eine Liebesgeschichte moderner Art, verlagern sie aber in das Mittelalter. Dabei ignorieren sie, dass selbst ein Gefühl wie die Liebe sich im Laufe der Geschichte erheblich entwickelt und verändert hat. Andere Autoren hingegen legen sehr viel Wert darauf zu zeigen, dass die historischen Personen, die sie schildern, sehr anders gedacht und gefühlt ha-

Romanbeispiele

Klassische historische Romane:

- Walter Scott: Ivanhoe (1819 erschienen; erzählt von einem edlen mittelalterlichen Ritter, der sich gegen eine ungerechte Behandlung wehrt)
- Alexandre Dumas: Die drei Musketiere (1845/46 erschienen, Geschichte dreier befreundeter Soldaten, die einer Eliteeinheit angehören und in politische Intrigen im Frankreich des 17. Jahrhunderts verwickelt werden)
- Heinrich Mann: Die Jugend des Königs Henri Quatre (1935 erschienen; Geschichte des „guten Königs" Heinrich IV. von Navarra (1553 – 1610))
- Lion Feuchtwanger: Die Jüdin von Toledo (1955 erschienen; in der 2. Hälfte des 12. Jahrhunderts angesiedelte Geschichte der Liebe zwischen dem christlichen König von Kastilien und einer Jüdin)

Neuere historische Romane:

- Petra Oelker: Der Tod am Zollhaus (1997 erschienen; erzählt von einem Kriminalfall in Hamburg um die Mitte des 18. Jahrhunderts; inzwischen drei Folgebände)
- John Maddox Roberts: SPQR. Ein Krimi aus dem alten Rom (1992 in deutscher Sprache erschienen, inzwischen sieben Folgebände)

Checkliste: Historische Romane analysieren

Die Heldin/der Held:

✔ Inwiefern steht sie/er mit ihren/seinen Problemen stellvertretend für eine soziale Gruppe oder Schicht? Ist sie/er trotzdem deutlich als Individuum erkennbar?

✔ Inwieweit denkt, fühlt und handelt sie/er im Sinn der dargestellten Zeit und/oder im Sinn unserer Gegenwart?

✔ Welche Entwicklung durchläuft sie/er im Zuge der Handlung? Wie verändert sie/er sich?

Der historische Hintergrund:

✔ Wird auf nachweisbare historische Ereignisse oder Personen Bezug genommen?

✔ Enthält der Text (auch im Vor- und Nachwort) Hinweise, welche Quellen und Darstellungen der Autor verwendet hat?

✔ Wie ausführlich und mit welcher Tendenz werden die wirtschaftlichen, sozialen und politischen Verhältnisse dargestellt, in die die Romanhandlung eingebettet ist?

Erzählweise und Darstellungsmittel:

✔ Wird das Geschehen nur aus einer oder wird es aus wechselnden Perspektiven erzählt?

✔ Spricht der Autor über die Schwierigkeit, sich begründete Vorstellungen von dem damaligen Leben zu machen?

✔ Sind in den Text authentische Quellen oder Abbildungen einmontiert?

ben müssen als heutige Menschen. Deshalb bemühen sie sich darum, das Fremde und Schwerverständliche ihrer Figuren den Lesern nahezubringen bzw. immer wieder zu fragen, in welchem Maße ihre nachempfundene Erzählung vergangenen Denk- und Verhaltensweisen nahekommen dürfte oder nicht.

Vor dem Hintergrund dieser Schwierigkeit haben manche Autoren die Konsequenz gezogen, die Form einer geschlosssenen Erzählung aufzugeben. Sie fügen Originalquellen ein, um zumindest stellenweise auf einen höheren Grad an historischer Authentizität (Wahrhaftigkeit) zu verweisen. Andere Schriftsteller versuchen das Problem dadurch zu lösen, dass sie selber in gesonderten Passagen ihre Schwierigkeiten, sich früheren Handlungen und Personen zu nähern, erörtern. Solche Einschübe unterbrechen zwar den Erzählfluss, lassen aber die Entstehungsgeschichte der Erzählung selbst erkennen.

Recherche

Die Schriftsteller bemühen sich auch in unterschiedlichem Maße darum, die historischen Verhältnisse und Personen, die sie darstellen, selber zu erforschen. Manchen Autoren reicht es, sich anhand von allgemeinen Überblickswerken zu informieren. Andere Autoren stellen wie Historikerinnen und Historiker sehr intensive Nachforschungen an, gehen z. B. in Archive, studieren alle verfügbare Spezialliteratur und suchen Originalschauplätze auf. Solche Unterschiede mögen für den Unterhaltungswert historischer Romane nicht maßgeblich sein. Für die oftmals naheliegende Frage, ob es früher wirklich annähernd so zuging, wie es im Roman geschildert wird, sind sie aber entscheidend.

Beliebte Themen

Es gibt historische Geschehnisse und Gestalten, die immer wieder auf verschiedene Art von Schriftstellern aufgegriffen und erzählerisch gestaltet wurden. An solchen motivgleichen Romanen lässt sich besonders gut erkennen, wie sehr die jeweilige Perspektive aus einer bestimmten Zeit den Blick auf die Geschichte verändert. So ist beispielsweise der 1634 verübte Mord an Albrecht von Wallenstein, einem berühmten Feldherrn im Dreißigjährigen Krieg, immer wieder von Schriftstellern geschildert worden. Gleiches gilt für die Verhältnisse in Deutschland während der „Franzosenzeit", d. h. während der Besetzung weiter Teile Deutschlands durch die Truppen Napoleons von 1806–1813.

Gerhard Henke-Bockschatz

Sachquellen

Sachquellen sind Objekte oder Gegenstände des alltäglichen Gebrauchs. Da diese Quellengruppe so übergroß und unübersichtlich ist, kann man sie nur annähernd gliedern. Dazu gehören Münzen, Banknoten, Briefmarken, Orden und Medaillen, Abzeichen und Symbole, Acker-, Handwerks- und Küchengeräte, Büro- und Schulinventar, Lampen und Geschirr, Bestecke und Schmuckstücke, Spielzeug und Verpackungsmaterial, Lebensmittelmarken und Ausweise, Musikinstrumente, Schallplatten, optische und akustische Geräte, vor- und frühgeschichtliche Werkzeuge wie Tonscherben, Faustkeile oder Steinbeile. Manchmal kann man in Museen auch Replikate, d. h. Nachbildungen von Gebrauchs- und Schmuckgegenständen, erwerben.

Manche dieser Gegenstände stammen aus Funden oder Ausgrabungen. Viele sind in Museen sorgfältig aufbewahrt, die meisten aber sind mehr oder weniger zufällig oder absichtlich in Wohnungen, Kellern oder Dachböden vorhanden.

Die Aussagekraft von Sachquellen

Anders als seltene und wertvolle Objekte im Museum sind diese Alltagsgegenstände Quellen zur Alltagsgeschichte vieler Menschen. Die Geschichte befasst sich nicht nur mit den Herrschenden und Mächtigen, den so genannten großen Persönlichkeiten, sondern auch mit der einfachen Frau und mit dem kleinen Mann. Diese Menschen haben keine wichtigen Schriftstücke hinterlassen und sind nicht von Künstlern im Bild festgehalten worden, sie sind uns aber über die Gegenstände nahe, die sie hergestellt oder gebraucht haben. Wenn diese alltäglichen Quellen ernst genommen werden, erhält die Geschichte der eigenen Familie und des eigenen Ortes eine Bedeutung im Zusammenhang der „großen Geschichte".

Warnung vor einem Missverständnis

Viele meinen, wenn man orginale Sachquellen benutze, so habe man die historische Realität von damals direkt vor sich: Man könne sozusagen in die historische Wirklichkeit eintauchen. Aber die anschaulichen Objekte sind nicht schon die Geschichte selbst, sondern nur Hilfen zur Interpretation der Vergangenheit. Die Gegenstände sind zwar unmittelbare Überreste, sagen aber von sich aus noch nichts über die Zusammenhänge aus, in denen sie die Menschen damals benutzten. Nur wenn man sich klar macht, welchen Wert die Gegenstände im Guten wie im Schlechten für die damaligen Menschen hatten, kann man ihre volle Bedeutung erfassen.

Ein besonderer Vorteil liegt darin, dass man die Objekte genau und ohne zeitliche Beschränkung betrachten und anfassen, beschreiben und abbilden kann. Verbindungen zu früheren Zeiten entstehen, wenn man sich darum bemüht, Beschaffenheit und Funktion der historischen Sachquellen zu begreifen und durchsichtig zu machen. Die Gegenstände sagen oft mehr über die Wirklichkeit aus als Texte. Sie sind meist leicht zu beschaffen und sogar in den Unterricht zu transportieren. Die unmittelbare Begegnung mit historischen Objekten fasziniert und motiviert für die Beschäftigung mit ihrer Geschichte, manchmal sogar zur Erforschung der dahinter liegenden Zusammenhänge.

Sachquellen in den Unterricht einbeziehen

Besondere Anlässe können den Anstoß dafür geben, historische Objekte in den Geschichtsunterricht einzubeziehen:

- Bei Abrissarbeiten oder Tiefbauvorhaben, bei systematischen archäologischen Grabungen oder zufällig in Kellern und Dachböden werden Funde gemacht, die mit in den Unterricht gebracht werden können.
- Bei manchen Unterrichtsthemen wie z. B. „Vorindustrielle bäuerliche Welt“, „Industrialisierung vor Ort oder in der Region“, „Kriegszeit 1939–1945“, „Nachkriegszeit“, „Als die Eltern Jugendliche waren“ bietet es sich geradezu an, Sachzeugnisse einzubeziehen.

Ulrich Mayer

Checkliste: Umgang mit Sachquellen

✔ Gegenstände zum Thema zu Hause oder im Umfeld sammeln und zum Unterricht mitbringen. Evtl. durch eine Anzeige in der Lokalzeitung um leihweise Überlassung von entsprechenden Sachquellen bitten.

✔ Gegenstände nach bestimmten Zusammenhängen und Gesichtspunkten ordnen. Erklärungskarten bzw. Schrifttafeln zu den Gegenständen anfertigen. Fehlende Kenntnisse und Informationen aus Lexika, Sachbüchern, Katalogen, aus Museen oder Archiven, von Experten beschaffen.

✔ Eine Ausstellung inszenieren oder arrangieren. Für fehlende Objekte Nachbildungen anfertigen oder besorgen. Diese den Besuchern als „Falsifikate“ (Fälschungen bzw. Nachbildungen) kenntlich machen.

✔ Gegenstände durch Abbildungen (z. B. Gebrauchssituation), schriftliche Quellen, Karten, Diagramme oder Grafiken ergänzen.

✔ Als „Kataloge“ für die Ausstellung eine kleine Broschüre mit Abbildungen der Gegenstände, erläuternden Texten und grafischen Darstellungen anfertigen.

✔ Führungen mit Erklärung für andere Klassen, die Schulgemeinde, die Öffentlichkeit veranstalten.

Schulbücher

Auch in den Zeiten von CD-ROM und Internet bleibt das Geschichtsbuch ein wichtiges Medium des historischen Lernens. Die Konkurrenz der Neuen Medien hat nicht zum Ende der Geschichtslehrbücher geführt, sondern eine Fülle von Neukonzeptionen und Neugestaltungen dieses Mediums herausgefordert. Heutige Geschichtsbücher sind gegenüber dem früheren Bücherangebot reichhaltiger bebildert und farbiger geworden. Sie sind grafisch ansprechend gestaltet und vermitteln insbesondere optische Anreize für die Betrachter und Leser.

Typen von Geschichtsbüchern

Am verbreitetsten ist heute das kombinierte Lehr- und Arbeitsbuch. Geschichtserzählungen werden vor allem für die Grundschule und die Förder-/Orientierungsstufe bzw. die Anfangsklassen der Sekundarstufe I angeboten. Die Grundriss- und Leitfadendarstellungen wie das reine Arbeitsbuch sind heute selten geworden.

- *Geschichtserzählungen*

Diese Art von Büchern enthält „Geschichten" und Anekdoten aus der Geschichte. Sie sind meist spannend und anschaulich erzählt. Sie vermitteln herausragende Ereignisse und persönliche Schicksale von Menschen, die lebensnah geschildert werden. Unter den Fachleuten ist dieser Typ der Geschichtsdarstellung umstritten. Die einen heben die Anschaulichkeit und die Möglichkeit hervor, Geschichte zu verlebendigen und zu vergegenwärtigen. Die anderen kritisieren, dass literarische Gesichtspunkte wie die Präsentation von (negativen oder positiven) Helden, die Betonung des äußeren Spannungsbogens, die eindeutige Verteilung von Sympathien und Antipathien wichtiger genommen werden als die historisch belegbare Richtigkeit.

- *Grundriss- oder Leitfadendarstellungen*

Sie sind die traditionelle Form des reinen Lehrbuchs. Sie bieten Geschichte als fertige Darstellung von Ereignissen und Zusammenhängen dar. Manchmal werden auch Quellentexte oder fiktionale Texte eingeschoben. Wenn sie verwendet werden, dienen sie der Unterstützung der Position des Autors oder der Autorin. Der Vorteil dieses Buchtyps liegt darin, dass er einen hohen Informationswert hat. Die Lernenden können sich leicht Wissen aneignen; das Buch führt in die Thematik ein, die auf andere Weise noch ergänzt oder vertieft werden kann. Der Nachteil dieses Typs von Lehrbuch: Es besteht die Gefahr der Manipulation, weil die Autorin oder der Autor immer ihre oder seine Interpretation von Geschichte präsentiert. Um das auszugleichen, wird zu solchen Grundriss-Bänden zuweilen noch ein eigener Quellenband hinzugefügt.

- *Arbeitsbücher*

Hierbei handelt es sich um einen relativ jungen Typ von Geschichtsbuch, der nur Materialien (Textquellen, Bildquellen, Karten, Statistiken,

Diagramme) mit Bearbeitungshinweisen enthält, aber keine Darstellungen in der Form von Autorentexten. Die Schülerinnen und Schüler sollen weitgehend selbstständig das vorgegebene Material bearbeiten. Als Hilfe dazu dienen Arbeitshinweise und Fragen. Hinter dieser Konzeption des Schulbuchs steht die Vorstellung, dass die Lernenden selbst Geschichte sozusagen als Rohmaterial erfahren und dann nachvollziehen, wie dieses zu Geschichtsdarstellungen verarbeitet wird. Erkenntnisse und Wissen über Tatsachen und Zusammenhänge sollen überwiegend selbstständig gewonnen werden. Freilich gibt es auch hier die Gefahr der Manipulation. Die Auswahl der Materialien, das Weglassen von Texten und anderen Elementen, die Art und Zielsetzung der Denkanstöße und Fragen kann die Interpretationsrichtung eindeutig beeinflussen.

● *Kombinierte Lehr- und Arbeitsbücher*

Dieser Typ des Geschichtsbuchs ist heute am weitesten verbreitet. Das Buch verbindet Elemente der leitfadenhaften Darstellung mit der des reinen Arbeitsbuchs. Dabei sind Darstellung und Materialteil innerhalb eines Bandes deutlich getrennt.

Der Aufbau folgt meist einem festen Schema. Jedes Kapitel beginnt mit einer so genannten Auftaktseite, auf der in einer Kombination von Bilddokumenten und kurzen Texten die Thematik oder Fragestellung angerissen wird. Der Verfassertext des Darstellungsteils vermittelt meist einen Überblick und macht historische Zusammenhänge kenntlich. Im Arbeitsteil gibt es schriftliche und bildliche Quellen, literarische und einfache wissenschaftliche Texte, Tabellen, Schaubilder, historische Karten und Geschichtskarten, Zeitleisten, Tabellen, die mit Hilfe von Arbeitshinweisen und Fragen ausgewertet werden sollen. Am Ende enthalten die Bücher alphabetisch geordnete Namens- und Sachregister, in denen die in den Darstellungstexten und in den Materialien vorkommenden Namen und Begriffe nachgeschlagen werden können.

Checkliste: Bewertung von Schulbüchern

✔ Ist das Buch übersichtlich und leserfreundlich gegliedert und ausgestattet? Regt es zum Blättern und Stöbern an?

✔ Ist der Verfassertext für die Altersstufe angemessen? Ist er klar und verständlich geschrieben?

✔ Regen die Materialien zur Bearbeitung an?

✔ Sind die Arbeitsaufträge so formuliert, dass man weiß, worauf es ankommt?

✔ Sind die Arbeitsaufträge zu eng oder zu weit gefasst?

✔ Sind die Bilder nur als Illustration gedacht oder kann man aus ihnen etwas über die Probleme ihrer Entstehungszeit erkennen?

Das Verhältnis von Darstellung und Materialteil

Die Trennung von Verfassertext und Arbeitsteil ist nicht zufällig und rein formal. Vielmehr sollen hierdurch verschiedene Zugangs- und Erarbeitungsweisen verdeutlicht und den Lernenden zugänglich gemacht werden. Lehrbücher dienen heute nicht nur dazu, eine bestimmte Anzahl von historischen Informationen möglichst geschickt zu präsentieren, sondern auch dazu, in elementare Methoden des Umgangs mit Geschichte einzuführen.

Als Schülerin oder Schüler soll man lernen, zunehmend selbstständig unterschiedliche Arten von Quellen und Materialien zu bearbeiten. Dazu werden Arbeitshinweise gegeben. Bei den Autorentexten soll erkennbar sein, dass es sich um eine Interpretation handelt, die auf der Auswertung einer Vielzahl von Quellen beruht. Deshalb können die Autorentexte auch kritisch betrachtet oder als Vorbild für eigene Darstellungsversuche verwendet werden.

Wichtig ist, dass sich Darstellung und Materialteil thematisch aufeinander beziehen und gegenseitig ergänzen. Der Autorentext soll Hilfen zur Interpretation des Quellenteils liefern. Er muss aber noch so offen sein, dass er nicht die gesamte Auswertung der Materialien vorwegnimmt.

Verwendungsweisen

Schulbücher können entsprechend ihrem speziellen Typus verwendet werden:

- zur Vorbereitung auf ein neues Unterrichtsthema,
- zur Wiederholung eines bearbeiteten Unterrichtsthemas,
- als Sammlung von Arbeitsmaterialien zur Erarbeitung eines Themas,
- als Nachschlagewerk im Rahmen des erarbeiteten Unterrichts,
- als Ergänzungsmedium bei der Verwendung von audiovisuellen Medien im Unterricht.

Ulrich Mayer

Statistiken: Tabellen und Diagramme

Zur Geschichte gehören nicht nur einzelne Ereignisse, sondern auch vielschichtige politische, wirtschaftliche, soziale und kulturelle Verhältnisse und Veränderungsprozesse: die Entwicklung von Bevölkerungszahlen und Arbeitslosenziffern, der Anstieg oder das Sinken von Preisen und Einkommen, die Verlängerung von Verkehrswegen, wirtschaftliche Konjunkturschwankungen, Entwicklungen von Wahlergebnissen, des Gesundheitswesens, des Wohnungsmarktes oder des Bildungswesens. Vieles davon lässt sich knapper und genauer in Zahlen als in Worten erfassen und beschreiben. Deshalb werden solche Sachverhalte und Entwicklungen häufig in Form von Tabellen, Diagrammen oder Schaubildern dargestellt.

Bedeutung im alltäglichen Leben

Eine Statistik ist eine geordnete Sammlung von Informationen in Form von Zahlen. Diese werden entweder als Zahlentabellen oder grafisch als Diagramme oder Schaubilder dargestellt. Im Alltag haben statistische Daten einen hohen Stellenwert. Sie tauchen überall in Tageszeitungen, Zeitschriften und Nachrichtenmagazinen, in Sachbüchern und im Fernsehen auf. Bei der Verwendung von Computern sind sie fast selbstverständlich. Politiker, Journalisten und Interessenvertreter argumentieren mit statistischem Material und setzen sozusagen auf die magische Kraft der Zahl.

Vor- und Nachteile statistischen Materials

Gegenüber allen anderen Darstellungsmöglichkeiten haben Zahlen den Vorteil, dass sie eindeutig und untereinander vergleichbar sind. Tabellen können auf geringem Raum eine Fülle von Informationen über einen Sachverhalt oder eine Entwicklung liefern. Zahlen sind aber ein ausgesprochen abstraktes Medium. Der Vorteil der grafischen Darstellung ist ihre Anschaulichkeit. Statistische Darstellungen bergen aber auch Gefahren. Tabellen und Diagramme täuschen eine Objektivität vor, die es nicht gibt. Statistisches Material spricht nicht für sich selbst, wie immer wieder behauptet wird. Genau wie → Textquellen und → Bilder sind Statistiken mehrdeutig und enthalten unterschiedliche Absichten, Motive und Interessen. Deshalb muss man sie aufmerksam lesen, kritisch prüfen und sorgfältig interpretieren. Dazu gehört, Herkunft und Eigenart des Datenmaterials zu ermitteln und zu berücksichtigen, welche Absichten und Ziele mit der Darstellung der Daten verfolgt werden. Gute Statistiken bieten nicht nur Information und Vergleich, sondern können auch dazu ermutigen,

Checkliste: statistisches Material analysieren

✔ Welcher Sachverhalt wird thematisiert? Welchen Zeitraum umfasst die Tabelle? Welche Informationen lassen sich entnehmen? Wie zuverlässig sind vermutlich die Daten? Welche Informationen sind besonders wichtig? Auf welche Frage kann die Tabelle antworten?

✔ Überlegt, mit welchen anderen Faktoren die Daten zusammenhängen. Überprüft, welche Informationen noch nötig oder sinnvoll sind, um Verbindungen herzustellen.

✔ Entwickelt aus den Daten ein Diagramm. Wählt eine geeignete Diagrammart (Kreis, Kurve, Säulen). Achtet auf einen geeigneten Maßstab auf der y-Achse und auf die räumlich proportionale Darstellung der Zeit auf der x-Achse.

✔ Welche Entwicklungen lassen sich feststellen? Wodurch können sie ausgelöst oder beeinflusst worden sein? Welche Fragen ergeben sich nach der Bearbeitung des Diagramms?

neue Fragen zu stellen und neuen Zusammenhängen nachzuspüren.

Das Verständnis für die Möglichkeiten und Schwierigkeiten von Statistiken entwickelt sich am besten, wenn man selber praktisch übt, wie man Zahlenmaterial in Diagramme umwandeln kann. Dies ist gar nicht so schwer, wenn man die Merkmale der wichtigsten Diagrammarten kennt.

Merkmale von Diagrammen

Kreisdiagramme veranschaulichen durch Kreissektoren (Tortenstücke) die prozentualen Anteile an einer Gesamtmenge. Man kann einen historischen Vergleich anstellen, wenn es Kreisdiagramme zum gleichen Sachverhalt für mindestens zwei verschiedene Zeitpunkte gibt.

Für die Darstellung von historischen Zusammenhängen eignen sich Linien- und Säulendiagramme (andere Begriffe: Kurven- und Balkendiagramme) besser als Kreisdiagramme. Hier werden die Sachverhalte und Zeitangaben in einem rechtwinkligen Koordinatensystem dargestellt. Auf der y-Achse werden die entsprechenden Zahlenwerte abgetragen, auf der x-Achse die Zeitangaben. Beim Liniendiagramm verbindet man die eingetragenen Zahlenwerte der verschiedenen Zeitpunkte zu einer Linie bzw. Kurve. Dieses Diagramm kann besonders gut längerfristige Trends veranschaulichen.

Beim Säulen- oder Balkendiagramm werden die Zahlenwerte durch Säulen oder Balken dargestellt, die senkrecht zur Zeitachse stehen. Innerhalb der Säulen kann man gut Anteile an der Gesamtmenge abbilden. Auch diese Diagrammart lässt bereits auf den ersten Blick Entwicklungen erkennen, wenn man die Gesamtlänge der Säulen oder ausgewählte Anteile für mehrere Zeitpunkte vergleicht.

Auch die Darstellung von Linien- und Säulendiagrammen birgt Gefahren: Je nach Wahl der Maßeinheiten auf der y-Achse werden die Anstiege und Abstiege der Kurve flacher oder steiler dargestellt. Die Aussagen über die Sachverhalte werden so verändert bis zur Übertreibung oder Verfälschung. Für das historische Lernen ist es besonders wichtig, dass auf der x-Achse die Zeitabstände räumlich proportional dargestellt werden. Sonst können die Entwicklungen relativ kurzer Zeiträume übermäßig betont werden.

Ulrich Mayer

Ergebnisse der Wahlen zum Reichstag 1919 - 1933

Termin	Abgegebene Stimmen in Mio	KPD Stimmen in Mio/%	SPD Stimmen in Mio/%	NSDAP Stimmen in Mio/%
19. 1. 19	30,5	–	11,5 = 37,9 %	–
6. 6. 20	28,4	0,6 = 2,0 %	6,1 = 21,6 %	–
4. 5. 24	29,7	3,7 = 12,6 %	6,0 = 20,5 %	1,9 = 6,6 %
7. 12. 24	30,7	2,7 = 9,0 %	7,9 = 26,6 %	0,9 = 3,0 %
20. 5. 28	31,2	3,3 = 10,6 %	9,2 = 29,8 %	0,8 = 2,6 %
14. 9. 30	35,2	4,6 = 13,1 %	8,6 = 24,5 %	6,4 = 18,3 %
31. 7. 32	37,2	5,3 = 14,6 %	8,0 = 21,6 %	13,7 = 37,4 %
6. 11. 32	35,7	6,0 = 16,9 %	7,2 = 20,4 %	11,7 = 33,1 %
5. 3. 33	39,7	4,8 = 12,3 %	7,2 = 18,5 %	17,3 = 43,9 %

Stimmenanteile einzelner Parteien in Prozent der abgegebenen Stimmen (Kurvendiagramm)

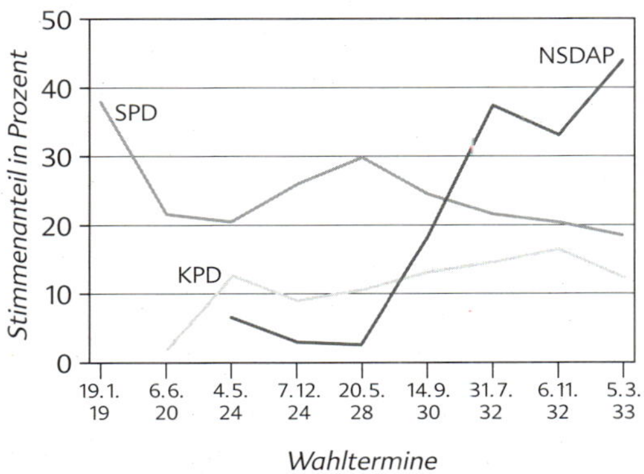

Wer Entwicklungstendenzen einzelner Parteien feststellen oder mit denen anderer Parteien vergleichen will, wählt am besten die Darstellung als Kurvendiagramm. Die Wahltermine sind schematisch in gleichen Abständen eingetragen.

Stimmenanteile einzelner Parteien in % der abgegebenen Stimmen (Säulendiagramm)

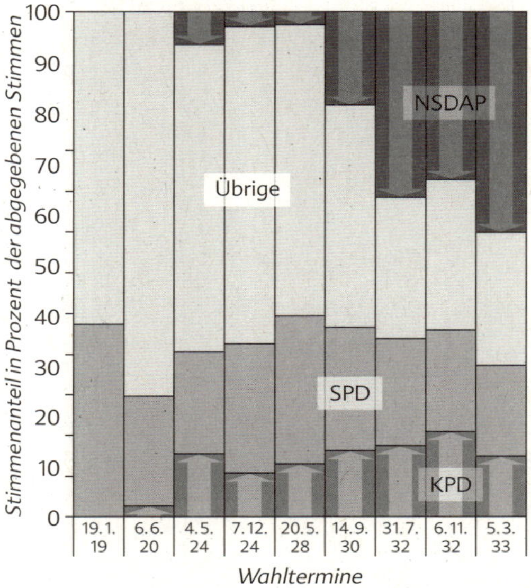

Wer die Ergebnisse zu einzelnen Terminen betonen und vergleichen will, wählt die Darstellung als Säulendiagramm. Die Wahltermine sind schematisch in gleichen Abständen eingetragen.

Die Pfeile sollen zusätzlich den Eindruck vermitteln, dass die Weimarer Republik zwischen den extremen Parteien von rechts und von links „zerrieben" worden ist.

Bei dieser schematischen Darstellung erhalten die letzten vier Wahlen (in drei von insgesamt zwölf Jahren) ein überproportionales Gewicht.

Ergebnisse in absoluten Zahlen (Säulendiagramm)

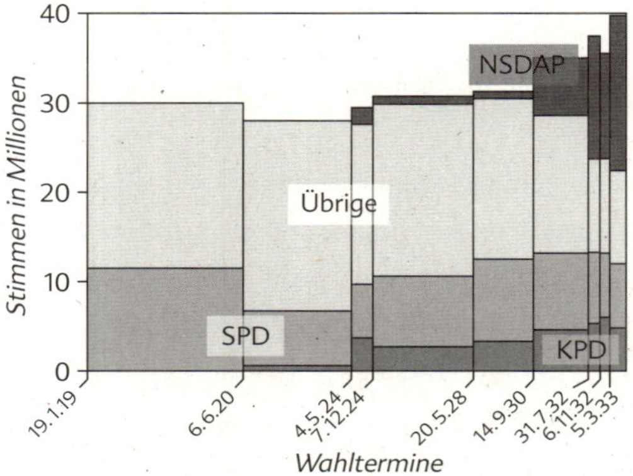

Die Wahltermine sind proportional zu den zeitlichen Abständen eingetragen. Die Breite der Säulen entspricht etwa der Zeitdauer zwischen den Wahlterminen.

Wer die Bedeutung der Wahlbeteiligung hervorheben will, stellt statt der Prozentanteile die absoluten Stimmenzahlen dar.

Diese Darstellung vermittelt den Eindruck, dass die Erfolge der NSDAP erst eine Erscheinung der letzten Jahre der Weimarer Republik gewesen sind.

Textquellen

Schriftliche Quellen sind solche Texte, die in der Vergangenheit entstanden sind und die uns heute noch im Original oder als Abschriften vorliegen. Wenn Historikerinnen und Historiker Geschichte schreiben, begeben sie sich nicht in die Vergangenheit, sondern in die Archive und Bibliotheken ihrer Zeit. Grundlegend ist also die Zeitdifferenz, die zwischen dem Abfassen der Quelle und dem späteren Betrachter liegt. Ein zweites wichtiges Zeitverhältnis kommt noch hinzu. Historikerinnen und Historiker bevorzugen solche Quellen, die zeitgleich mit oder möglichst zeitnah zu den berichteten Ereignissen entstanden sind. Nur wenn keine solche Quellen vorhanden sind, benutzen sie auch spätere.

Die Parteilichkeit der Quelle

Quellen sind stets parteilich. Sie können gefälscht sein. Der Verfasser kann sich aber auch irren oder andere absichtlich täuschen wollen. Auch wenn weder Fälschung, Irrtum oder Täuschung vorliegen, so ist das, was ein Verfasser aufgeschrieben hat, doch immer durch seine Position und Perspektive bestimmt: Er gehört einer Nation an, hat eine bestimmte Religion, ist Mitglied eines Standes, einer Klasse, einer Partei, hat ein bestimmtes Geschlecht usw. Auch wenn er sich sehr bemüht, einen möglichst „wahren" Bericht zu liefern, bleibt seine Darstellung standpunktverhaftet. Das trifft besonders auf solche Quellen zu, die im Hinblick auf eine spätere Leserschaft geschrieben sind; Historikerinnen und Historiker sprechen dabei von „Tradition". Der Gegenbegriff dazu ist „Überrest". Er bezeichnet Quellen, die nicht bewusst und in erster Linie der historischen Überlieferung dienen sollten, z. B. Reden, Akten oder Briefe.

Da keine Quelle die reine „Wahrheit" schreibt und objektiv ist, ist Quellenkritik unentbehrlich. In Quelleneditionen, die Historikerinnen und Historiker herausgeben, ist die Quellenkritik bereits vorgenommen worden. Die Bearbeiter haben untersucht, ob die Quelle echt ist, von wem sie stammt, wann sie entstanden ist, ob sie uns in originalgetreuer Fassung überliefert ist etc. Auch in Schulbüchern abgedruckte Quellen sind bereits quellenkritisch untersucht. Notwendig bleibt eine kritische Untersuchung von Ideologien und Standpunkten als Bestandteil der Interpretation. Quellen, die man selbst aus → Archiven sammelt oder im Verfahren der oral history (→ Zeitzeugenaussagen) erhebt, müssen stets einer Quellenkritik unterzogen werden.

Quellengattungen

Die Bezeichnung „schriftliche Quelle" ist ein Sammelbegriff. Konkret haben wir es mit sehr verschiedenen Gattungen zu tun: mit Urkunden, Akten, Zeitungen, Briefen, Tagebüchern, Reden, Autobiografien, Chroniken, Annalen etc. Diese Quellengattungen haben sehr unterschiedliche

Urkunden und Gesetzestexte	Zeigen die Formgebundenheit von Schriftstücken ⇒ *Frage nach der Form*
Akten	Zeigen einen Vorgang, einen Verlaufsprozess, an dessen Ende meist eine Entscheidung steht ⇒ *Frage nach dem Verlauf, einem Entscheidungsprozess*
Briefe und Tagebücher	Ermöglichen Einblicke in die Subjektivität anderer Menschen. Sie formulieren Gefühle, Stimmungen und definieren Beziehungen ⇒ *Frage nach der Individualität des Verfassers*
Zeitungen	Zeigen politisch-weltanschauliche Vorstellungen und Mentalitäten sozialer Schichten und politischer Gruppen (als Produzenten und Adressaten) ⇒ *Frage nach den sozialen Gruppen*
Autobiografien und Memoiren	Zeigen die Konstruktion von Lebensgeschichten und die Präsentation von Identität ⇒ *Frage nach dem Selbstkonzept des Verfassers*
Reden	Sind auf rhetorische Wirksamkeit bei einem Publikum angelegte Texte, die ihre wirkliche Bedeutung erst in gesprochener Sprache entfalten ⇒ *Frage nach den sprachlichen Mitteln*

Wichtige Quellengattungen und vorherrschender Untersuchungsansatz

Intentionen und Aussagewerte und müssen deshalb auch besonders erschlossen werden. Zeitungsartikel berichten sehr zeitnah über Ereignisse, deren weiterer Verlauf noch unbekannt ist. Ob es sich bei einem Aufruhr lediglich um ein regionales und zeitlich eng begrenztes, einmaliges Ereignis handelt, kann der Zeitungsschreiber nicht wissen, es stellt sich erst viel später heraus. Zudem wird das, was eine gewisse Attraktionsschwelle unterschreitet, gar nicht berichtet. Ganz anders der Memoirenschreiber. Er schildert ein Ereignis oft Jahrzehnte später. In diesem Fall ist mit Erinnerungstrübungen, subjektiven Umdeutungen und Beschönigungen zu rechnen.

Interpretation

Die Schwierigkeiten bei der Interpretation von Textquellen können auf zwei unterschiedlichen Ebenen liegen: in der sprachlichen Gestalt, in der sich die Quelle präsentiert, und in der Persönlichkeit der Autorin oder des Autors.

- *Sprachliche Gestalt der Quelle:* Der Text kann in einer Fremdsprache geschrieben sein, die der

Checkliste: Textquellen interpretieren

Die historische Frage

✔ Leseabsicht feststellen: Was wollen wir wissen?

✔ Bei vorgegebenen Quellen: In welchem Zusammenhang soll die Quelle eine Antwort geben?

Quellensuche und -bestimmung

✔ Quellen suchen

✔ Quellengattung feststellen. Sich bewusstmachen, welche Art von Aussagen zu erwarten ist.

✔ Wort- und Sachfragen klären (Handbücher, Lexika)

Kritik

✔ Ist der Überlieferungsweg festzustellen?

✔ Welche Zeit ist zwischen dem berichteten Ereignis und der Abfassung der Quelle vergangen?

✔ Enthält die Quelle in sich Widersprüche?

✔ Was konnte der Verfasser wissen, was nicht?

✔ Inwieweit ist der Text insgesamt glaubwürdig?

Interpretation

✔ Wann, von wem und für wen ist der Text verfasst worden?

✔ Welches sind die zentralen Aussagen des Textes im Hinblick auf unsere Fragestellung?

✔ Was wird behauptet oder widerlegt?

✔ Welche Teilaspekte werden behandelt?

✔ Welche Begriffe kommen häufig vor, welchen Sinn erhalten sie im Text?

✔ Welche historischen Zusammenhänge werden hergestellt und welche Begründungen für historische Entscheidungen werden zusammengetragen?

✔ Welchen Standort nimmt der Verfasser ein?

✔ Welchem Zweck sollte der Text wahrscheinlich dienen?

Interpret nicht beherrscht; es kann aber auch die eigene Sprache sein, die sich in einer historisch früheren Form präsentiert, z. B. bei mittel- oder frühneuhochdeutschen Texten. Grammatische Strukturen und Wortbildungen können unbekannt sein. Zudem haben wir es auch mit Begriffen zu tun, deren Bedeutung sich im Lauf der Zeit gewandelt hat: Der mittelalterliche Stadt*bürger* ist etwas ganz anderes als der moderne Staats*bürger*.

● *Autor:* Wir müssen erkennen, was der Verfasser des Textes sagen wollte, also seine Intention verstehen. Jeder Autor hat – wenn auch nur unbewusst – einen bestimmten Leser vor Augen. Bei der Urkunde ist an einen Leser gedacht, der über die Rechtsverhältnisse, die in dieser Urkunde verbrieft sind, nicht mehr genau Bescheid weiß und sich erinnern oder vergewissern will. Der Zeitungsschreiber denkt an seine Leserschaft, die sich aus einer ganz bestimmten sozialen und politischen Gruppe zusammensetzt. Der Memoirenschreiber wiederum will sein Ansehen in den zukünftigen Generationen gewahrt wissen. Deshalb müssen wir bei einer Quelle immer den Autor und den Adressaten mitdenken. Da oft zusätzliche Informationen nicht zur Verfügung stehen, müssen diese Angaben aus ein und demselben Quellentext erschlossen werden.

Keine Quelle ist so eindeutig und in ihrem Sinn festgelegt, dass nur ein bestimmter Sachverhalt aus ihr zu erschließen ist. Es kommt immer darauf an, mit welchen Fragestellungen, mit welchem „Erkenntnisinteresse" man an einen Text herangeht. Deshalb werden die im Unterricht beliebten Aufträge, nach „den" Kernstellen zu fragen und „die" Schlüsselstellen zu finden, der Sache nicht gerecht. Kernstellen und Schlüsselsätze ergeben sich immer erst aus der Leseabsicht des Interpreten. So können wir heute aus längst bekannten Quellen „Kernstellen" zu Sachverhalten wie „Umwelt", „Geschlecht" und „Alltag" herauslesen, die vor 30 Jahren niemand als solche wahrgenommen hätte; denn diese Bereiche sind erst in jüngerer Zeit „entdeckt" worden.

Hans-Jürgen Pandel

Zeitzeugenaussagen

Wer über vergangene Ereignisse und Zeiträume, die noch nicht länger als ungefähr zwei Generationen zurückliegen, etwas erfahren möchte, kann Menschen befragen, die das damalige Geschehen miterlebt haben. Die Erzählungen solcher „Zeitzeugen" sind oft lebendiger und faszinierender als das, was man in dicken Darstellungen und verstaubten Zeitungen oder Akten lesen kann. Gleichzeitig sind sie aber auch ungenauer und subjektiver. Je nachdem, was der Fragende wissen will, können alle Menschen zu Zeitzeugen werden. Mehr oder weniger berühmte oder bedeutende Personen (vom Bürgermeister bis zum Bundestagsabgeordneten) können danach befragt werden, wie wichtige Entscheidungen und Beschlüsse zustande kamen. Aber auch und gerade die „kleinen Leute", über die in den Geschichtsbüchern oft nur wenig zu erfahren ist, haben ihre Lebensgeschichte(n). Sie können als „Experten des Alltags" davon berichten, wie sie vor längerer Zeit gelernt und gearbeitet, gelebt und gelitten haben.

Subjektive Verarbeitung von Erfahrung

Zeitzeugen legen allerdings nicht nur Zeugnis von vergangenen Ereignissen ab. Ihre Erzählungen zeigen auch, ob und wie sie im Laufe ihres Lebens über frühere Erfahrungen nachgedacht, sie verarbeitet haben. Dies ist einerseits etwas sehr Individuelles und Persönliches, hat doch jeder Mensch Schlüsselerlebnisse, die sein Leben entscheidend beeinflusst haben. Andererseits lassen sich in einer Gesellschaft aber auch mehr oder weniger allgemeine Muster feststellen, wie Menschen ihre Erfahrungen erklären und bewerten. Je länger und öfter jemand Zeitzeugenbefragungen durchgeführt hat, umso mehr wird sich seine Aufmerksamkeit auch auf solche Mechanismen und Muster der Erfahrungsverarbeitung richten. In Interviews, die sich auf diese Frage konzentrieren, steht die Aufforderung „Erzählen Sie uns bitte Ihre Lebensgeschichte" im Mittelpunkt.

Auswahl von Zeitzeugen

Ganz einfach und problemlos ist das Befragen von Zeitzeugen allerdings nicht. Zunächst einmal müssen mögliche Zeitzeugen gefunden werden. Man muss sich darüber im Klaren sein, wer zu dem gewählten Thema Wesentliches und Wichtiges berichten könnte. Am Anfang ist es sicherlich am einfachsten, im Verwandten- und Bekanntenkreis nach Zeitzeugen zu suchen. Auch bei Vereinen und Institutionen kann man Erkundigungen nach geeigneten Gesprächspartnern einziehen. Oft muss aber auch eine Anzeige in die örtliche Tageszeitung gesetzt werden.
Im nächsten Schritt muss man herausfinden, ob der mögliche Zeitzeuge wirklich kompetent ist: Hat er zu den Dingen, auf die es dem Frager ankommt, wirklich Wichtiges und Interessantes zu

berichten? Dies versucht man in einem Vorgespräch zu ermitteln. Von Anfang an gilt es zu bedenken, dass die Erinnerungskraft und das Gedächtnis der Menschen sehr unterschiedlich beschaffen sind. An dasselbe Ereignis haben verschiedene Menschen sehr unterschiedliche Erinnerungen – erst recht nach vierzig oder fünfzig Jahren. Deshalb sollten zu einem Thema möglichst mehrere Personen befragt werden. Besonders interessant ist es, Schilderungen aus unterschiedlichen oder gegensätzlichen Perspektiven zu erhalten. Wenn beispielsweise die Geschichte eines Streiks durch Zeugenaussagen ermittelt werden soll, wird man versuchen, sowohl Arbeitnehmer als auch Arbeitgeber als Interviewpartner zu gewinnen. Man sollte jedoch nicht zu viele Interviews planen, denn die Durchführung ist im Allgemeinen ziemlich zeitaufwändig und arbeitsintensiv.

Checkliste: Zeitzeugenbefragung

- ✔ Sind Zeit und Ort sicher vereinbart?
- ✔ Kassettenrekorder (mit Mikrofon) dabei?
- ✔ Batterien okay?
- ✔ Kassetten dabei?
- ✔ Liste mit Leitfragen dabei?
- ✔ Unterstützendes Material (Fotos, schriftliche Quellen etc.) dabei?
- ✔ Blumenstrauß mitnehmen?
- ✔ Stift und Notizpapier?
- ✔ Fotoapparat?

Befragung

Was ist der beste Ort für ein Zeitzeugeninterview? Meistens ist die Wohnung des Zeitzeugen am geeignetsten, denn in einer vertrauten Umgebung fällt es den meisten Menschen am leichtesten, sich zu äußern. Außerdem verfügen viele Menschen in ihrer Wohnung über Erinnerungsstücke (wie Fotoalben, alte Briefe, Tagebücher), die ihnen beim Erzählen in den Sinn kommen und die dem Erinnern förderlich sein können.

Als Interviewer sollte man möglichst genau wissen, wonach man fragen will. Man sollte sich schon vor dem Interview darüber informiert haben, in welchen Verhältnissen der Befragte gelebt hat und was er vermutlich erlebt haben könnte. Wenn der Zeitzeuge feststellt, dass er vieles erst lang und breit erklären muss, weil bei seinem Gegenüber kein Vorwissen vorhanden ist, wird er wahrscheinlich schnell die Lust am Erzählen verlieren. Umgekehrt kann es auf die Erinnerungskraft des Zeitzeugen anregend wirken, wenn ihm zu seiner Erzählung passende ältere Bilder oder Zeitungsartikel vorgelegt werden.

Ein Interviewer sollte dem Zeitzeugen aber auch nicht zu viele und nicht zu spezielle Fragen stellen. Merkt der Zeitzeuge, dass an seiner Schilderung des vergangenen Ereignisses, an seinem individuellen Erleben kein Interesse besteht, sondern dass der Interviewer nur auf ganz bestimmte Stichworte reagiert, wirkt das nicht gerade förderlich auf den Erzählfluss. Es sollte vielmehr so gefragt werden, dass der Zeitzeuge sich dazu aufgefordert fühlt, möglichst umfassend zu berichten. Auf die Frage „Verschwanden auch an Ihrer Schule nach 1945 die nationalsozialistischen Bücher aus dem Unterricht?" kann der Interviewer nur mit „Ja", „Nein" oder „Weiß ich nicht mehr" antworten. Deshalb sollte man lieber die offenere Frage wählen: „Wie veränderte sich nach dem Ende des Zweiten Weltkriegs das Schulleben?" Eine solche Art des Fragens setzt voraus, dass der Fragende geduldig zuhören kann. Er muss sich auch gut überlegen, ob er mit Nachfragen die Zeitzeugenerzählung eventuell unterbrechen will oder ob er damit vielleicht bis zu einem günstigeren späteren Zeitpunkt wartet.

Dokumentation und Überprüfung

Schon im Vorfeld des Interviews muss entschieden werden, was hinterher mit dem Interview geschehen soll. Wenn es nur um einige konkrete Informationen für die weitere Arbeit geht, reicht es vielleicht, sich während des Interviews Stichwortnotizen zu machen oder nach dem Interview eine Zusammenfassung zu schreiben. Wenn aber das Erzählte genauer untersucht werden soll oder wenn geplant ist, das Erzählte (mit Zustimmung des Zeitzeugen) in irgendeiner Form zu veröffentlichen, sollte das Interview mit einem Kassettenrekorder aufgenommen werden. Anschließend hört man sich das Gespräch noch einmal an und erstellt zum besseren Überblick und Wiederfinden ein zusammenfassendes Verlaufsprotokoll (mit Laufwerkszahlen). Passagen, die besonders wichtig und interessant zu sein scheinen, sollte man abschreiben. Will man dies besonders genau machen, kann man auch Pausen, Versprecher und Betonungen kennzeichnen.

Zeitzeugenaussagen sind weder objektiv noch repräsentativ: Man kann weder davon ausgehen, dass es wirklich so war, wie es erzählt wird, noch davon, dass andere Menschen über das damalige Geschehen genauso oder ähnlich berichten würden. Nach dem Interview müssen deshalb die neuen mündlichen Informationen mit Informationen aus anderen Quellen verglichen und überprüft werden. Umgekehrt müssen aber auch die eigenen Theorien über das Handeln und Denken der Menschen in der Vergangenheit im Lichte der Deutungen und Erklärungen von Zeitzeugen überdacht werden. Häufig stellen sich dabei die eigenen Annahmen und Sichtweisen als vorschnelle Verallgemeinerungen und Schematisierungen heraus.

Gerhard Henke-Bockschatz

Collage

Wer eine historische Collage anfertigt, möchte für sich und andere (Lehrer, Mitschüler) Ergebnisse seiner Recherchen und Überlegungen festhalten und gleichzeitig dazu auffordern, weiterführende (inhaltliche und methodische) Überlegungen anzustellen.

Collagetypen

Für den Geschichtsunterricht am interessantesten sind solche Collagen, die den (wissenschaftlichen) Forschungsstand oder den Stand (individueller oder gemeinsamer) Untersuchungen in der Lerngruppe auf ästhetisch ansprechende Weise zum Thema machen. Dazu können unterschiedlichste Bilder, Texte und Symbole aus verschiedenen Materialien in einen neuen, aussagefähigen Zusammenhang gebracht werden.

Stellenwert im Geschichtsunterricht

Collagen können in unterschiedlichen Arbeitsphasen sinnvoll sein und verschiedenen Zielsetzungen dienen:

- Leistungsnachweis: Darstellung des individuell oder gemeinsam Erarbeiteten
- Zwischenbilanz: Der derzeitige Diskussionsstand wird provokant fixiert
- Ästhetisch ansprechende Zusammenschau von Thesen und Hypothesen

Die Zielrichtung einer Collage sollte man frühzeitig bedenken und festlegen.
Grundsätzlich kann man in einer Collage genauso alltagsgeschichtliche Quellen und Darstellungen präsentieren wie Dokumente der „großen Politik" oder Daten aus der Wirtschafts- und Sozialgeschichte: Entscheidend ist bei dieser Methode nicht die wissenschaftliche Ausgewogenheit, sondern die interessante „Brechung":

- Texte, Bilder und Symbole sind so anzuordnen und zu verzahnen, dass sie einen auch optisch reizvollen Gesamteindruck vermitteln. Dieser soll den Betrachter in die Sache „verwickeln".
- Um diese Wirkung zu erzielen, ist ein spielerischer Umgang mit der Sache genauso möglich wie eine Orientierung an Comics, Werbeplakaten, Karikaturen usw.

Harm Mögenburg

Beispiel

In dieser Collage zur Zeit der Französischen Revolution sind selbstgemalte und aus dem Schulheft entnommene Bilder, Jahreszahlen, Leitbegriffe und Zitate (Sprechblasen) zusammengestellt. Schnüre verbinden einzelne Elemente der Collage miteinander. In kreativer Eigenarbeit ist ein verdichtetes und anschauliches Gesamtbild für komplexe Zusammenhänge entstanden.

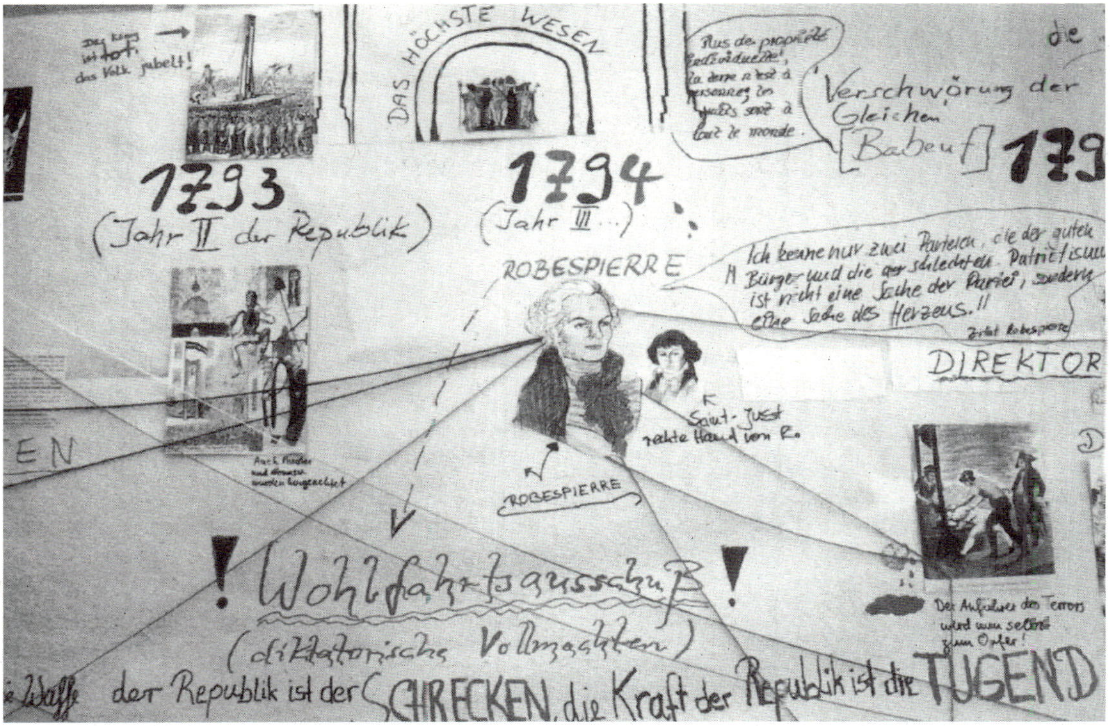

Collage zum Thema Französische Revolution

(Hildegard Bartels/Claus Bloss: „Nicht wie im normalen Unterricht“. Erfahrungen in einem Projekt zur Französischen Revolution, in: Geschichte lernen , H. 60 (1997), S. 47)

Diskussionsleitung

Wer eine Diskussion in der Klasse leitet, muss verschiedenen Rollenanforderungen gerecht werden:

- Er ist selber Gesprächsteilnehmer, der inhaltliche Beiträge beisteuert. Zugleich muss er Beiträge von Mitschülern auf der Inhaltsebene würdigen (d. h. unterstreichen, richtigstellen, zurückweisen, präzisieren, in Beziehung setzen usw.).
- Er erteilt anderen das Wort. Sich selber muss er mit Wortmeldungen sehr zurückhalten, selbst dann, wenn es ihn zur Wortmeldung drängt.
- Er darf sich die Gesprächsleitung nicht aus den Händen nehmen lassen (Worterteilung, Impulsgebung, Sicherung, Wechsel der Ebene oder der Perspektive usw.). Zugleich muss er danach streben, sich selbst weitgehend überflüssig zu machen.

Tipps

- *Entlastung:* Der Moderator hat jederzeit die Möglichkeit, eine Mitschülerin oder einen Mitschüler zu bitten, für ihn die Reihenfolge der Wortmeldungen zu notieren (also die Rednerliste zu führen). Eine Alternative zur freien Wortmeldung ist das gegenseitige Aufrufen (Meldekette).
- *Namensnennung:* Diskussionsteilnehmer schätzen es, wenn sie mit ihrem Namen aufgerufen werden und wenn man ausdrücklich auf ihre Beiträge Bezug nimmt.
- *Rückfragen:* Nach besonders markanten Äußerungen sollte man die Meinungen der anderen Gesprächsteilnehmer einholen: Widerspruch, Zustimmung oder Ergänzung regen die Diskussion an.
- *Protokoll:* Mitschülerinnen und Mitschüler, die von Vorneherein nicht am Gespräch teilnehmen oder die sich in der Gesprächsteilnahme sehr zurückhalten, werden gebeten, den Gesprächsverlauf zu dokumentieren.
- *Rundgespräch:* Man kann die Diskussion in Schwung bringen, indem man der Reihe nach von Teilnehmern ein Statement abfordert.
- *Impulse:* Fragen und Anweisungen sollten sich ausdrücklich entweder auf Inhalte („Fakten"), ihre Darstellung („Wertung") oder die Methoden („Wie gehen wir bei der Auswertung der Quelle/im Gespräch vor?") beziehen.
- *Zusammenfassung:* Am Ende des Gesprächs steht der Versuch einer inhaltlichen und methodischen Bilanz: „Was haben wir klären können? Wo bestand keine Einigkeit? Was bleibt uns jetzt zu tun? Wie sollten wir weiter vorgehen?"

Harm Mögenburg

Diskussionsteilnahme

Viele Menschen, die mit Freunden, Verwandten und Bekannten stundenlang über alle möglichen Dinge sprechen, werden stumm und einsilbig, wenn sie in einem größeren Kreis an einer sachlichen Diskussion teilnehmen. Die Gründe: Schüchternheit, Unsicherheit, Angst, sich durch eine unbedachte Äußerung zu blamieren – sei es vor „Autoritäten“ (z. B. Lehrerinnen und Lehrern), sei es vor den anderen Mitgliedern der Gesprächsrunde. Bei Diskussionen über historische Themen kommt hinzu, dass man nicht auf eigene Erfahrungen zurückgreifen kann. Mit solchen Blockaden und Hemmungen muss man sich aber keineswegs abfinden. Reden in öffentlichen Situationen kann gelernt werden.

Zweck einer Diskussion

Eine Diskussion unterscheidet sich von einem alltäglichen Gespräch dadurch, dass sie auf Seiten aller Teilnehmer den ernsthaften Willen voraussetzt, bei einem strittigen Thema zu einem gemeinsamen Ergebnis zu kommen. Dies muss keineswegs darin bestehen, dass am Ende eine vollständige Einigung stattfindet. In den allermeisten Fällen wird das Resultat bescheidener ausfallen: Vielleicht versteht man am Ende besser, worin unterschiedliche Positionen begründet sind; vielleicht sieht jeder ein, dass das eine oder andere eigene Argument doch Schwächen hat oder dass die Gegenseite durchaus auch plausible Argumente aufführen kann. Unbefriedigend sind Diskussionen dann, wenn sich überhaupt kein Ergebnis einstellt, wenn man sich im Kreis dreht oder wenn sich Diskussionsteilnehmer als gänzlich unzugänglich erweisen.

Historische Diskussionsthemen

Diskussionen über historische Themen betreffen im Allgemeinen die eigene Lebensführung nur am Rande. Oft gibt es aber einen verdeckten Gegenwartsbezug: Wer über ein historisches Thema debattiert, spricht häufig eigentlich darüber, ob er sich in der damaligen Situation ähnlich verhalten hätte. Und oft ist in einer Diskussion über ein historisches Thema schon viel erreicht, wenn eingesehen wird, dass die Maßstäbe des eigenen Handelns nicht einfach auf die Vergangenheit übertragen werden können.

Argumentation

Eine Diskussion ist ein Austausch von Behauptungen, die auf unterschiedliche Art begründet oder bestritten werden können. Ihre Gültigkeit kann untermauert oder in Frage gestellt werden durch den Verweis

1. auf empirische Fakten oder auf Beispiele,
2. auf Bedingungen, die dazu berechtigen, diese Fakten argumentativ zu verwenden oder nicht zu verwenden,

Checkliste: Diskussionsregeln

Alle Diskussionsteilnehmer sollten sich an einige grundlegende Benimmregeln halten:

- ✔ Lass die Gesprächsteilnehmer ausreden!
- ✔ Vermeide beleidigende oder diskriminierende Ausdrücke!
- ✔ Fasse dich kurz. Vermeide Wiederholungen bereits gefallener Argumente oder Abschweifungen!
- ✔ Vermeide unnötige Konfrontationen! Bevor grundsätzliche Kritik geübt wird, noch mal nachfragen, wie das Gesagte gemeint war!
- ✔ Konzentriere dich bei deiner Argumentation auf das Wesentliche. Wer sich zu allem und jedem äußert, wird bald nicht mehr ernstgenommen.

3. auf letzte Autoritäten und höchste Werte,
4. auf Konsequenzen.

Beispiele:

1. „Die Entscheidung der Bundesregierung zu Beginn der Fünfzigerjahre, wieder eine Armee aufzubauen, war richtig, denn der Korea-Krieg zeigte, dass der kommunistische Herrschaftsbereich mit militärischer Gewalt ausgedehnt werden sollte."
2. „Man kann das Verhalten der Sowjetunion in Ostasien nicht auf ihr Verhalten in Mittel- und Westeuropa übertragen."
3. „Die Entscheidung ... war richtig, denn jeder Staat muss doch das Recht haben, sich gegen eine Aggression verteidigen zu dürfen."
4. „Wenn für die Entscheidung zur Wiederbewaffnung angeblich allein die Bedrohung durch die Sowjetunion ausschlaggebend war – warum ist dann nach dem Ende der Sowjetunion die Bundeswehr nicht abgeschafft oder zumindest erheblich verkleinert worden?"

In längeren Diskussionen mit vielen Teilnehmern kann leicht der „rote Faden" verloren gehen. Deshalb empfiehlt es sich, den Diskussionsverlauf in Stichworten festzuhalten. Sofern es der Diskussionsleiter nicht tut, kann man selber dazu auffordern, die anderen mögen sich doch auf das bisher Gesagte beziehen.

Keine falsche Angst vorm Sprechen

Manche Menschen melden sich in Diskussionen kaum zu Wort, weil sie Angst haben, ihnen könnten plötzlich die Ideen oder die Worte fehlen. Sie glauben, sie müssten ihren Beitrag nahezu fertig im Sinn haben, bevor sie sich zu Wort melden können. Dadurch blockiert man sich selber. Bei den meisten Menschen liegen vor einem Redebeitrag weder die Gedanken noch die Formulierungen vollständig fest. Oft hat man nur eine ungefähre Idee von dem, was man sagen will. Um Vertrauen in die eigene Fähigkeit zum Sprechdenken zu entwickeln, kann man es mit Hilfe eines Kassettenrekorders oder vor einem vertrauten Publikum üben.

Gerhard Henke-Bockschatz

Facharbeit

Facharbeiten erproben und überprüfen, inwieweit ein Leistungskursschüler der Studienstufe ein selbst gewähltes Thema eigenständig zu bearbeiten sowie seine Vorgehensweise und die Ergebnisse zu reflektieren in der Lage ist. Eine Facharbeit unterscheidet sich von einer → Hausarbeit oder einem → Referat durch das formalisierte Anspruchsniveau und bestimmte Auflagen, die vorgegeben sind.

Vorentscheidungen

Vorab muss geklärt werden, welches Thema in Frage kommt; es muss durch den Betreuungslehrer genehmigt werden. Insbesondere ist zu überlegen,

- Wie kann ggf. die Facharbeit mit der laufenden Kursarbeit verzahnt werden?
- Soll die Facharbeit mit anderen Schülerinnen und Schülern gemeinsam (maximal drei sind zulässig) angefertigt werden? Falls es eine gemeinsame Arbeit werden soll, ist es notwendig, die Themenstellung so abzugrenzen, dass einzeln bewertbare Leistungen erkennbar werden.
- Wie könnte ggf. eine leistungsorientierte Arbeit im Team aussehen?
- Ist eine gleichzeitige Teilnahme an Wettbewerben (z. B. Schülerwettbewerb Deutsche Geschichte, Gestaltungswettbewerb Zeitgeschichte) bzw. eine Präsentation in größerem Rahmen (in einer Zeitschrift, einem Jahrbuch der Schule o. ä.) sinnvoll?
- Wie könnte ein vorläufiger Arbeitsplan aussehen?

Skizze eines Arbeitsplans

(Zu den einzelnen Arbeitsschritten vgl. das Stichwort → Referat. Dort ist die Vorgehensweise bei der Literatursuche und beim Erstellen einer Gliederung genauer ausgeführt.)

Vorüberlegungen

- Eingrenzung des Themas
- Sammlung von Fragestellungen und Gesichtspunkten der Untersuchung
- Methodenwahl
- Absprache mit dem (Betreuungs-)Lehrer
- erste Literatursuche

Vorarbeiten

- Materialsammlung (Literaturstudium, Recherche im Internet, Exzerpte, Festhalten erster Hypothesen)
- Materialaufbereitung (Vergleich der Exzerpte und Hypothesen, Entwurf einer Gliederung)

Materialauswertung

- Bildung eines schlüssigen Zusammenhangs (Fragen und Argumente)
- Gliederung (Schwerpunkte und Zuspitzungen)
- „Gegenprüfen“ (Suche nach Widersprüchen und Alternativen; evtl. Veränderung der Argumentation und ihrer Materialunterfütterung)

Erstellen des Textes

- Überprüfung des Aufbaus (Gewichtung und Zuordnung einzelner Kapitel, Formulierung von Überschriften)
- Ausformulieren des Textes (Niederschrift der Argumentationskette; ihre saubere Verknüpfung mit Zitaten und Begriffen sowie mit Anmerkungen und Fußnoten)
- Suche nach Veranschaulichungsmöglichkeiten (durch Grafiken, Tabellen, Quellenauszügen usw.)
- Überarbeitung der Niederschrift (sachlich und formal: Rechtschreibung, Grammatik, Stil). Tipps: Vor der Überarbeitung den Text einige Tage bei Seite legen; möglichst durch jemand anderen gegenlesen lassen.

Reinschrift:

- Layout (Ränder, Absätze, Fußnoten, Seitenzahlen, evtl. Materialteil und Anhang)
- Korrekturlesen und Rückmeldung an den Betreuungslehrer

Muster für ein Deckblatt
Name des Verfassers:
Vorname:
Kurs:
Fachlehrer:
Betreuungslehrer:
Facharbeit in Geschichte
Thema (in großer Schrifttype)

Erklärungen für den Fall, dass die Schule diese Arbeit oder Teile daraus veröffentlichen möchte:

- Ich bin damit einverstanden, dass meine Daten für Presse- und Informationszwecke verwendet werden.
- Da ich noch nicht volljährig bin, füge ich die Einverständniserklärung meiner Eltern/Erziehungsberechtigten bei.

Richtig zitieren

Zitate sind ein wichtiges Mittel wissenschaftlichen Arbeitens. Sie dienen dazu, die eigene Argumentation zu belegen und zu stützen. Dafür kommen vor allem Zitate aus Quellentexten in Frage. Auch aus historischen Darstellungen, also Fachbüchern oder Aufsätzen, kann man zitieren, wenn z. B. der Verfasser eine besonders markante Position bezieht, die man diskutieren will, oder wenn er einen Sachverhalt besonders treffend auf einen Begriff oder eine Formel bringt. Solche Zitate sollen aber nicht eigene Ausführungen ersetzen.

Beim Zitieren muss man bestimmte Regeln beachten. Man kann Teilsätze, ganze Sätze oder auch längere Textpassagen zitieren: Immer muss man den genauen Wortlaut (sogar die Schreibweise) übernehmen. Das Zitat wird durch Anführungszeichen markiert. Wird etwas ausgelassen, muss man dies durch runde oder eckige Klammern mit Pünktchen „(...)“ oder „[...]“ markieren. Damit der Leser weiß, was oder wer zitiert wird, und er das Zitat ggf. überprüfen oder an Ort und Stelle weiterlesen kann, muss nachgewiesen werden, woher es stammt. Auch wenn man sich mit seinen Überlegungen sehr eng auf einen anderen Autor bezieht, muss man dies nachweisen.

Meist erfolgt der Nachweis durch eine Fußnote unten auf der betreffenden Seite; man kann die Fußnoten aber auch am Ende des Textes (oder des Kapitels) als Anmerkungsapparat zusammenfassen. Die Fußnoten werden fortlaufend mit Ziffern versehen, die entsprechende Ziffer steht dann auch im Text am Ende des Zitats. Der Zitatnachweis gibt Autor(en), Titel (und ggf. Untertitel) des Buches, Erscheinungsort, Erscheinungsjahr und Seitenzahl an. Beispiel: Thomas Nipperdey, Deutsche Geschichte 1800–1866. Bürgerwelt und starker Staat, München 1983, S. 309. Bei Zeitschriftenaufsätzen oder Beiträgen aus Sammelbänden werden auch deren Titel genannt, bei Zeitschriften auch der Jahrgang. Beispiel: Bogdan Musial, Bilder einer Ausstellung. Kritische Anmerkungen zur Wanderausstellung „Vernichtungskrieg. Verbrechen der Wehrmacht 1941 bis 1944", in: Vierteljahrshefte für Zeitgeschichte 47 [= Jahrgang], 1999, H. 4, S. 584. Handelt es sich nicht um Autoren, sondern um Herausgeber eines Buches, setzt man hinter den/die Namen den Zusatz „(Hrsg.)". Statt des Kommas nach dem Autorennamen kann man auch einen Doppelpunkt, vor dem Erscheinungsort auch einen Punkt setzen. Wichtig ist, dass man in seiner Arbeit einheitlich vorgeht und immer vollständige Angaben macht.

Harm Mögenburg

Geschichtsheft

Was im Geschichtsunterricht besprochen und erarbeitet worden ist, sollte in einem Geschichtsheft festgehalten werden. Die selbstständige Formulierung von Texten und die geordnete Zusammenstellung von Materialien festigt die eigenen Kenntnisse. Außerdem dient das Geschichtsheft der weiträumigen Wiederholung und der Vorbereitung auf Klausuren. Folgende Punkte sollte man bei der Anlage und beim Führen von Geschichtsheften berücksichtigen:

- *Grundausstattung:* Jeder führt ein Heft oder einen Ordner im DIN A 4-Format. Es ist zu jeder Geschichtsstunde mitzubringen, da es zum Lernen benötigt wird.
- *Vervollständigung:* Breite Ränder auf jeder Seite dienen für Nachträge und Korrekturen.
- *Systematik:* In das Heft bzw. den Ordner werden alle Unterrichtsmitschriften, Materialien, Hausaufgaben, ausgeteilte Arbeitspapiere, Fotokopien und Materialien in sinnvoller Ordnung aufgenommen.
- *Gliederung:* Alle Eintragungen sollten datiert werden und eine sinnvolle Überschrift erhalten. Absätze und Hervorhebungen (mit Lineal und Textmarker) helfen, das Gelesene, Gehörte und Geschriebene besser zu behalten.
- *Inhaltsverzeichnis:* Ein durchdachtes Inhaltsverzeichnis erleichtert Wiederholungen und die Vorbereitung auf Klausuren (hierfür die erste und zweite Seite des Heftes oder Ordners freihalten).
- *Ergebnissicherung:* Bei den Stundenmitschriften und den schriftlichen Hausaufgaben kommt es weder auf den Umfang der Eintragungen noch auf besondere Kunstfertigkeit an. Entscheidend sind die sachliche Richtigkeit und Übersichtlichkeit, denn beides sind wichtige Voraussetzungen, um gut begreifen und behalten zu können.
- *Selbstständigkeit:* In den Unterrichtsstunden muss es hinreichend Zeit geben, verbunden mit Anregungen und Hilfen, um Notizen zu machen, sie in eine sinnvolle Gliederung zu bringen und (vorläufige) Einsichten zu formulieren.
- *Überprüfung:* Jeder korrigiert seine Mitschriften und Ausarbeitungen eigenverantwortlich. Bei den häuslichen Vor- und Nachbereitungen ist hierfür genauso Gelegenheit wie bei der Wiederaufnahme des betreffenden Themas in der folgenden Unterrichtsstunde.
- *Fachsprache:* Für wichtige Fachbegriffe sollte man auf den letzten Seiten des Heftes ein kleines Lexikon anlegen.
- *Beratung:* Die Lehrkraft sollte sich regelmäßig einige Hefte ansehen. Gemeinsam kann man darüber beraten, wie sich Mitschriften und Ausarbeitungen (inhaltlich und methodisch) optimieren lassen.
- *Benotung:* Mitschriften, Ausarbeitungen, Hausaufgaben usw. werden zur Leistungsbewertung (Mitarbeit im Unterricht) herangezogen. Sie dokumentieren Fleiß, Methodenbewusstsein und den systematischen Aufbau von Kenntnissen als Grundlage für historisches Wissen und geschichtliches Verständnis.

Harm Mögenburg

Hausarbeit

Schriftliche Hausarbeiten sind Leistungsnachweise, die einen historischen Sachverhalt im Zusammenhang darstellen und auf Begriffe bringen sollen. Sie sollen belegen, dass man selbstständig Fragen an ein Thema stellen und sie sprachlich und inhaltlich angemessen beantworten kann. Es kann genügen, den vorangegangenen Unterricht gründlich zu durchdenken. Bisweilen ist es aber auch nötig, zusätzlich Literatur zu Rate zu ziehen. Die schriftliche Hausarbeit unterscheidet sich

- von einer → Facharbeit dadurch, dass der Sachverhalt, den es zu bearbeiten gilt, einfacher und weniger umfachreich ist und die Arbeit dementsprechend einen geringeren Zeitaufwand fordert – das gilt auch für das (mündlich vorgetragene) → Referat;
- von (normalen) Mitschriften im Geschichtsheft durch stärkere inhaltliche Durchdringung und sprachliche Durcharbeitung.

Vorentscheidungen

Zu Beginn muss man sich möglichst schnell Klarheit darüber verschaffen, was das gestellte Thema inhaltlich und arbeitstechnisch verlangt. Das gilt vor allem, wenn es nicht ausreicht, eigene Unterrichtsmitschriften durchzuarbeiten sowie aus dem Unterricht bekannte „Stoffe“ und Zugriffsweisen neu zu organisieren, sondern darüber hinaus in Handbüchern, Nachschlagewerken, CD-ROMs usw. zu recherchieren ist.

Checkliste

✔ *Inhaltsverzeichnis:*
Ist inhaltlich ein „roter Faden“ zu erkennen (der eigenem Nachdenken entsprungen sein kann oder einer Vorlage entnommen wurde)?
Greifen die Gliederungspunkte sinnvoll ineinander? Passen die Überschriften?

✔ *Einleitung:*
Wird die Untersuchungsfrage klar formuliert?

✔ *Hauptteil:*
Wird die Untersuchungsfrage tatsächlich beantwortet?
Ist die Argumentation schlüssig und für den Leser nachvollziehbar?
Passen Begrifflichkeit und Sprachniveau?
Unterstützt die optische Gliederung (Layout) die inhaltliche Gliederung und Gedankenführung?

✔ *Schlussteil:*
Wird die Untersuchungsfrage pointiert beantwortet?
Lassen sich Aussagen über den „Ertrag“ machen?
Ist eine eigene Meinung zu erkennen?

FORMALES

Bei der Ausformulierung des Textes, spätestens bei der Reinschrift sind Rechtschreibung und Grammatik zu kontrollieren (zur Zitierweise → Facharbeit). Die Seiten werden nummeriert. Die Hausarbeit bekommt ein Deckblatt, das die notwendigen Angaben enthält (siehe Kasten rechte Spalte).

Harm Mögenburg

Muster für ein Deckblatt

Name des Schüler/der Schülerin
Klassenstufe/Kurs
Fachlehrer/-in
Abgabedatum
Titel der Arbeit (in Aussage oder Frageform – im Layout hervorgehoben)

Modell

Der Begriff Modell bedeutet in der Mathematik, in den Naturwissenschaften, in der Kunst oder in der Technik ganz Verschiedenes. Im Bereich der Geschichte ist damit der verkleinerte Nachbau eines historischen Objekts, z. B. eines Gebäudes, gemeint. Dieses Gebäude kann noch heute existieren; es kann zerstört oder nur noch in Teilen vorhanden sein – das Modell ist dann eine Rekonstruktion; ein Modell kann aber auch einen Typ von Gebäude (etwa eine Höhenburg) darstellen, nicht einen bestimmten historischen Bau.

Modelle dienen, z. B. im Museum (→ Ausstellungen und Museen), zur Veranschaulichung historischer Objekte in überschaubarer, oft auf wesentliche Gesichtspunkte konzentrierter Form. Man unterscheidet Form- und Funktionsmodelle: Die einen zeigen ein äußeres Erscheinungsbild (z. B. eines Hauses oder einer Burg), die anderen Bewegungen, Abläufe, Arbeitsverfahren (z. B. von Maschinen). Ein Formmodell kann aber auch als offenes Modell (Blick ins Innere) ausgelegt sein.

Das Spektrum historischer Gegenstände, die sich in Modellen darstellen lassen, ist weit: Es reicht vom einzelnen technischen Objekt (einem Gerät oder Werkzeug wie z. B. einem steinzeitlichen Speer oder einem Bohrer) über größere Gegenstände wie Bauwerke oder Schiffe bis zu ganzen Ensembles und Szenerien (Dorf, Stadt, Hafen, Landschaft). Zwei oder mehrere Modelle können als Entwicklungsreihe (z. B. Stadt im Wandel) gestaltet werden.

Die Arbeitsschritte

Der Bau historischer Modelle macht Spaß und man lernt etwas dabei. Das gilt besonders dann, wenn man ein Modell selber entwirft. (Fertige historische Modellbaubögen bietet vor allem an der J. F. Schreiber Verlag, Marktplatz 19, 73728 Esslingen, Tel.: 07 11/31 05 94-6).

Vorbereitung

Am Anfang steht eine sorgfältige Vorbereitung: Man muss sich über den Gegenstand, den man im Modell nachbauen will, möglichst genau informieren. Geht es etwa um ein existierendes Gebäude in erreichbarer Nähe, kann man selber Fotos oder Skizzen anfertigen. Sonst muss man auf andere Fotos, historische Ansichten, Pläne, Beschreibungen oder Rekonstruktionszeichnungen zurückgreifen.

Entwurf

Im zweiten Schritt sollte man eine Entwurfsskizze zeichnen: Was genau soll dargestellt werden (z. B. ein bestimmter Stadtausschnitt)? Wie groß soll das Modell werden (Grundplatte), welcher Maßstab ist geeignet? Wie detailliert soll die Darstellung sein?

Materialien/Technik

Schon parallel dazu muss man sich Gedanken über die Materialien machen, die man verwenden will. Dafür gibt es viele Möglichkeiten: Sperrholz oder fester Karton für die Grundplatte, Pappe oder Karton, Holz, Styropor oder Gips für das eigentliche Modellieren, Bastelfarben zum Kolorieren. In vielen Fällen kann man auf Materialien zurückgreifen, die der Fachhandel für Eisenbahnmodellbauer anbietet, z. B. Mauerplatten aus Pappe, Streugras, Baum- und Strauchnachbildungen, Figuren. In der Modellbauliteratur findet man auch viele praktische Tipps zu Materialien und Arbeitstechniken.

● *Arbeitsorganisation*

Man sollte vorab möglichst genau einschätzen, wieviel Zeit das Bauvorhaben in Anspruch nehmen wird: Wer sich zu viel vornimmt, verliert leicht die Motivation. In der Regel ist der Bau eines historischen Modells für die wenigen Geschichtsstunden zu zeitaufwändig. Vielleicht lassen sich auch Kunst- oder Werkstunden dafür nutzen. Meist wird man aber einen Großteil der Arbeit zu Hause leisten müssen – es sei denn, ein Projekttag oder eine Projektwoche wird dafür verwendet. Bei größeren Modellen, z. B. einer Stadt, lohnt es sich, zu mehreren zusammen zu arbeiten. Dabei sollte man von vornherein absprechen, wer was macht. Man kann die Aufgaben parallel (jeder baut ein Haus für die Stadt) oder in Abfolge aufteilen (der/die Erste zeichnet, der/die Zweite schneidet aus, der/die Dritte klebt etc.).

● *Präsentation*

Beim fertigen Modell kommt es nicht auf künstlerische Perfektion an, sondern darauf, dass das zum Vorschein tritt, was man zeigen will. Natürlich sollten die Ergebnisse in der Klasse oder sogar zentral in der Schule ausgestellt werden, am

SCHÜLERBERICHT

„Als erstes zeichneten wir auf die Platte den Grundriss. Die Gebäude und Mauern wurden aus Karton zugeschnittten. Anschließend klebten wir dann die Zuschnitte zusammen. Hierauf verarbeiteten wir Sand, Wasser und Tapetenkleister zu einem klebrigen Gemisch. Mit diesem Material wurden die Kartonflächen bestrichen. Auf die freigelassenen Stellen klebten wir als Fenster bemalte Papierstückchen.

Die Dächer wurden mit gefärbtem Stroh bedeckt, die Kamine und Treppen aus angemalten Streichhölzern hergestellt.

Zum Schluss befestigten wir die Zugbrücke mit zwei Schrauben und Draht, formten Moos und Wacholderzweige zu Grünflächen und benützten Plastikfolie anstelle von Wasser.

Das dreiwöchige tägliche Arbeiten an diesem Modell verschaffte uns einen guten Einblick in die damalige Zeit und ihre Bau- und Lebensweise. Durch dieses bildhafte Gestalten hat sich uns die Geschichte dieser Zeit besser eingeprägt als in manchen Unterrichtsstunden. Diese Arbeit war für uns zwar mit großem Zeitaufwand, aber auch mit sehr viel Spaß und Freude verbunden.

Claudia Kißling/Sibylle Rupp, Klasse 8

Modell der Wartburg
(Konrad Plieninger, „Mit Kopf und Hand" – „Praktisches" historisches Lernen. Schüler bauen Modelle im Geschichtsunterricht, in: GWU 31, 1986, H. 10, S. 629 f.)

besten mit einer kurzen Beschreibung des Objekts und des Bauvorgangs. Auf jeden Fall sollte man Fotos davon machen. Man kann sich auch Geschichten oder Spielszenen ausdenken, bei denen der Gegenstand im Mittelpunkt steht oder die am dargestellten Ort spielen.

● *Lernen und Motivation*

Bei der Vorbereitung erfährt man eine Menge über das Objekt, seine historische Funktion und Bedeutung. Weil man dieses Wissen für die eigene Arbeit braucht, behält man es besser. Bei der Planung lernt man, seine eigene Arbeit zu organisieren und ggf. mit anderen zusammen zu arbeiten. Das Bauen selber motiviert oft gerade jene Schülerinnen und Schüler, die einem Geschichtsunterricht, in dem es nur um Texte und Begriffe geht, wenig abgewinnen können. Anhand von – tatsächlich nutzbaren – Funktionsmodellen kann man auch historische Lebensverhältnisse besser nachvollziehen. Wer mit einem Holzbogen wie in der Jungsteinzeit Feuer macht, vollzieht technische Problemstellungen und -lösungen der Menschen von damals nach und erhält zugleich einen Eindruck von den Mühseligkeiten der alltäglichen Existenzsicherung. Die Fertigstellung des Modells schließlich ist für jede/jeden ein Erfolgserlebnis – ein Ergebnis zum Vorzeigen.

Michael Sauer

Protokoll

Protokolle dienen der Kommunikation und der Präsentation. Sie erleichtern die Sicherung des Gelernten, die Vorbereitung auf Klausuren sowie die Kontrolle der individuellen Stundenmitschrift. Protokolle stellen den „Stoff“ einer Geschichtsstunde, die Methoden und Sozialformen, mit denen er erarbeitet wurde, knapp und treffend dar. Von einer Stundenmitschrift im Geschichtsheft unterscheidet sich ein Protokoll in vier Punkten:

- Nur jeweils eine Person wird beauftragt, es zu verfassen.
- Lehrkraft und Lerngruppe prüfen es auf sachliche Richtigkeit und verabschieden es gemeinsam.
- Hierdurch werden die im Protokoll festgelegten Begriffe, Interpretationen, Arbeitsanweisungen usw. als für die weitere Arbeit verbindlich festgelegt.
- Auch für Mitschülerinnen und Mitschüler, die an der jeweiligen Geschichtsstunde nicht teilgenommen haben, muss das vorgelegte Protokoll verständlich und hilfreich sein.

Vorentscheidungen

Man unterscheidet Verlaufs- oder Ergebnisprotokolle:

- Ein Verlaufsprotokoll hält den Unterrichtsgang im Sinne eines Arbeitsprozesses fest und benutzt dabei das Präsens.

Beispiel: „Eine zehnminütige Diskussion, an der sich vor allem Nadine, Georg, Miriam und Herr Schulmann beteiligten, folgt. Zum Ergebnis hat sie, dass der Begriff ‚Feudalismus‘ als unbrauchbar für das Mittelalter verworfen wird. Der Begriff schillert nämlich, da er in der Frühen Neuzeit als Kampfbegriff verwendet wurde.“

- Ein Ergebnisprotokoll gibt ausschließlich die inhaltlichen und methodischen Ergebnisse des Arbeitsprozesses wieder. Die am besten geeignete Zeitform ist das Imperfekt.

Beispiel: „Etwa 10 Minuten hatte Herr Schulmann für die Partnerarbeit zur Bildquelle ‚Auf der Straße‘ von Ludwig Richter (um 1860) vorgesehen. Sie wurde um ca. 5 Minuten verlängert, weil methodische Fragen auftauchten. Ein Plenum schloss sich an, wo wir unsere Ergebnisse der Reihe nach vortrugen. Herr Schulmann entwickelte daraus einen Tafelanschrieb, den wir am Stundenende in unser Heft übertrugen. Er lautete: ‚Ludwig Richter harmonisiert das Leben in der Kleinstadt zweifach: 1. Er stellt nicht die Zustände in der zeitgenössischen Industriestadt dar. 2. Er romantisiert auch die Vergangenheit als ‚heile Welt‘.“

Mischungen beider Protokollformen sind möglich, sollten aber vorher genau besprochen werden.

Gestaltung

Inhaltlich und optisch muss das Protokoll klar strukturiert sein:

Muster für den Kopf eines Protokolls
Protokoll der Geschichtsstunde vom:
Klasse/Kurs:
Protokollant/-in:
Thema der Stunde:
(Text des Protokolls)

- Unterüberschriften, Absätze und Unterstreichungen gliedern den Text.
- Auch Leitfragen, die eine Unterrichtsphase zusammenfassend wiedergeben, können den Text strukturieren.
- Persönliche Wertungen sind genauso zu vermeiden wie die Wiedergabe von Details, die für den Verlauf oder das Ergebnis der Stunde unwichtig sind.

Harm Mögenburg

Referat

Für viele Schülerinnen und Schüler sind Referate eine lästige Pflicht. Dementsprechend langweilig werden sie dann auch vorgetragen. Manchmal wird nur vorgelesen, was aus einem Buch abgeschrieben wurde; manchmal verzetteln und verhaspeln sich die Vortragenden; manchmal macht ein Vortrag einen so unstrukturierten Eindruck, dass alles und jedes gleich wichtig zu sein scheint. Um solche Fehler und Missgeschicke zu vermeiden, reicht es nicht aus, sich lediglich in der Sache auszukennen. Ebenso wichtig ist es, ein klares Bewusstsein davon zu haben, worauf die Aufmerksamkeit der Zuhörer gelenkt werden soll und wie sie am besten gefesselt werden kann.

Das Thema zum eigenen Thema machen

Ein gutes Referat erwächst in der Regel aus einer Vorbereitung, in deren Verlauf das vom Lehrer bestimmte oder im Klassengespräch gemeinsam gefundene Thema weiter eingegrenzt wird und einige klare Leitfragen entwickelt werden. Die zentrale Schwierigkeit eines Referats besteht weniger darin, möglichst umfassend und gründlich über ein Thema zu informieren, als vielmehr darin, eine vertretbare Auswahl und Gewichtung zu treffen. Am Ende soll ein Vortrag von begrenzter Dauer (in der Schule selten mehr als 15 Minuten) stehen, der einem bestimmten Publikum (der Klasse oder dem Kurs) das Thema so vorstellt, dass entscheidende Strukturen, Probleme und Fragen bewusst werden.

Möglichst vielfältiges Material sammeln

Erste Informationen zu einem Thema und weiterführende Literaturhinweise können Lexika und Überblicksdarstellungen (Handbüchern) entnommen werden. An weiteres Material kann man gelangen über → Archive, → Bibliotheken, → CD-ROMs, → Internet, → Zeitzeugenaussagen. Gerade solche Materialien, die sehr unterschiedlich oder sogar gegensätzlich über vergangenes Geschehen berichten, können für das Referat besonders fruchtbar sein, weil sie zum Nachdenken darüber anregen, welche Darstellung plausibler sein mag.

Rationell und systematisch auswerten

Nach einem orientierenden ersten Lesen und Blättern sollte man entscheiden, welche Materialien für die Erarbeitung des Themas am brauchbarsten sind. Diese Texte müssen nun verstanden und analysiert werden: → Begriffe und Namen müssen geklärt, zentrale Passagen oder Aussagen müssen exzerpiert oder zusammengefasst bzw. (in eigenen Büchern) markiert oder unterstrichen werden, → Statistiken und

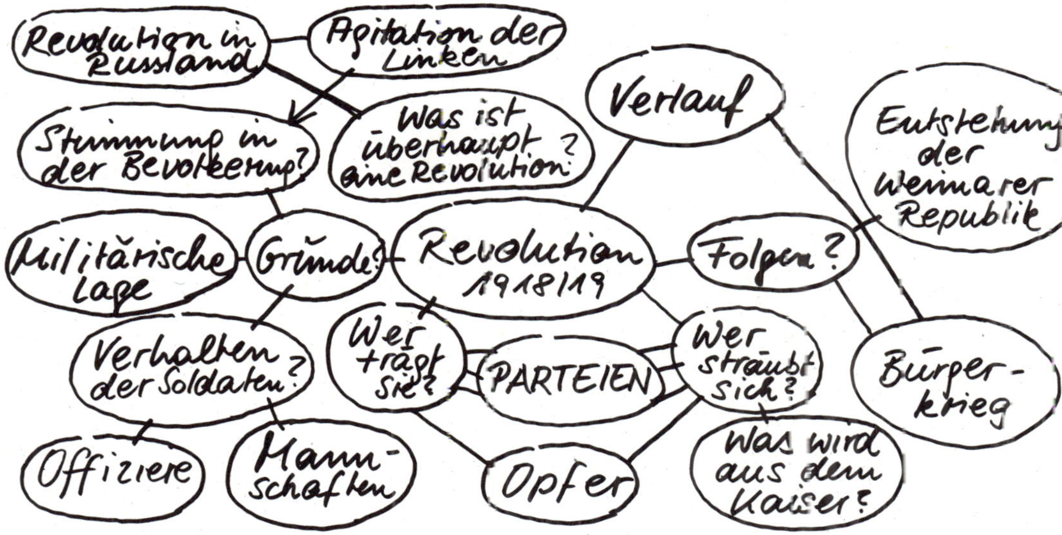

Begriffe und Gedanken ordnen – die Mind-map

Grafiken müssen entschlüsselt werden. Besonders wichtig ist es, sich darüber klar zu werden, aus welcher Perspektive das historische Geschehen jeweils geschildert wird.

Die inhaltlichen Ergebnisse sollten auf Karteikarten und/oder Notizpapier ebenso festgehalten werden wie Widersprüche, Ungereimtheiten und Unterschiede sowie eigene Fragen. Eine solche Kartei kann nach unterschiedlichen Systemen angelegt werden: nach dem Namen der Autoren und ihrer Werke oder nach inhaltlichen Aspekten, so dass man Hinweise auf das, was verschiedene Autoren zu einem Aspekt schreiben, jeweils auf einer Karte zusammenfasst.

Eine Gliederung entwickeln

Das Thema ist der Sache nach geklärt – wie vermittelt man es nun am besten den Zuhörern? Ein erster Schritt zur Strukturierung des Gelesenen kann darin bestehen, eine Mind-map zu erstellen, d. h. auf einem großen Blatt aufzuschreiben, welche Punkte wichtig erscheinen und durch verbindende Linien auszudrücken, in welcher Beziehung sie zueinander stehen. Ein ähnliches Verfahren ist das Clustering: Man schreibt ein Stichwort in die Mitte eines Blattes und kreist es ein, anschließend werden weitere Stichwörter hinzugeschrieben und eventuell durch Linien verbunden.

Im Allgemeinen gliedert sich ein Referat in Einleitung, Hauptteil und Schluss. Die Einleitung soll das Interesse der Zuhörer wecken. Deshalb steht am Beginn eines Vortrags häufig ein so genannter „Aufmerker", z. B. eine provokante Äußerung oder die Schilderung eines Sachverhalts, die Verwunderung auslöst. In der Einleitung soll aber vor allem die konkrete Fragestellung präsentiert werden, zu deren Beantwortung das Referat beitragen soll. Zu diesem Zweck wird oft auf die

Bedeutung eines historischen Geschehens oder auf Kontroversen über seine Beurteilung verwiesen. Der Hauptteil des Referates gilt der Darstellung der für wichtig befundenen Faktoren und Entwicklungen. Für historische Themen empfiehlt sich häufig eine Unterteilung nach Vorgeschichte, zentralen Handlungen und Entscheidungen sowie Ergebnissen und Folgen. Der Schlussteil enthält meistens eine zusammenfassende Rückschau und den Rückbezug auf die Fragestellung der Einleitung.

Auf Anschaulichkeit und Übersichtlichkeit achten

Bei einem historischen Referat sind die Zuhörer mit der Welt, die ihnen geschildert wird, nicht vertraut. Deshalb empfielt es sich, in das Referat Teile einzubauen, die ihnen dabei helfen können, sich eine Vorstellung von der damaligen Zeit zu machen. Dies kann z. B. durch Bilder (Dias, Overhead-Folien etc.) oder auch durch das Zitieren besonders lebendiger Quellen und Darstellungen geschehen. Dem Zuhörer kann es auch helfen, wenn ihm eingangs ein zeitlicher und geografischer Überlick gegeben wird (z. B. mit einer Zeitleiste oder einer Karte).

Schließlich sollte man am Anfang oder Ende der Einleitung den Zuhörern mitteilen, aus welchen Abschnitten der Vortrag bestehen wird. Das Publikum möchte nämlich gerne wissen, was es zu erwarten hat. Um den Vortrag für die Zuhörer einprägsamer zu machen, scheue man auch nicht vor zusammenfassenden Wiederholungen zurück, die an den Gang der Argumentation erinnern (z. B. vor dem Schluss mit einer überleitenden Formulierung wie: „Ich habe dies und jenes vorgetragen. Daraus ergibt sich …")

Möglichst frei und ungezwungen vortragen

Das ist einfacher gesagt als getan. Fast jeder, der zum ersten Mal ein Referat hält und sich damit in das Rampenlicht einer Gruppe stellt, hat Redeangst. Deshalb wird dann der gesamte Vortrag vorformuliert und schließlich vorgetragen. Dies wirkt aber oft nicht nur sehr eintönig, sondern verhindert auch einen lebendigen Vortragstil: Wer immer nur auf das Blatt vor sich schaut, verliert leicht den Kontakt zum Publikum. Außerdem kann der Eindruck entstehen, der Redner beherrsche den Stoff nicht richtig.

Aus diesen Gründen sollte im Lauf der Schulzeit darauf hingearbeitet werden, ein Referat möglich nur unter Verwendung eines Stichwortzettels zu halten. Wer aus Sicherheitsgründen auf das schriftliche Formulieren nicht verzichten will, sollte sich darum bemühen, zumindest einige Passagen frei vorzutragen. Er wird dann sehr schnell feststellen, dass Mimik, Gestik und Körpersprache wesentlich lebendiger werden. Und er wird merken, dass er die Reaktion der Zuhörer viel besser beobachten und sie gegebenenfalls berücksichtigen kann, z. B. durch spontane Kürzungen bei gelangweilten Gesichtern oder durch eine wiederholende Umformulierung bei fragenden Mienen.

Gerhard Henke-Bockschatz

Strukturskizze

Strukturskizzen sind sachorientierte Schaubilder. Sie unterscheiden sich von Notizen (Begriffen, Jahreszahlen, Tabellen, Stichwortsammlungen), die während des Unterrichts unsystematisch an der Tafel aufgeschrieben werden. Eine Strukturskizze fasst an der Wandtafel, auf einer Overhead-Folie oder auf einem Arbeitsblatt die wichtigsten Ergebnisse einer Unterrichtsstunde oder einer Unterrichtseinheit geordnet zusammen. Sie ist dann am besten gelungen, wenn sie auf einen Blick das Wesentliche des Themas und seine Hauptbestandteile erkennen lässt. Die Ergebnisse des Unterrichts können durch Symbole und grafische Zeichen hervorgehoben werden.

Einsatz und Nutzen von Strukturskizzen

Die am weitesten verbreitete Art der Strukturskizze ist das von der Lehrerin oder dem Lehrer erstellte Tafelbild. Manchmal wird es schon zu Unterrichtsbeginn präsentiert, damit man bei einem komplizierten Problem dem Unterrichtsverlauf besser folgen kann. Meist wird eine Strukturskizze während des Unterrichts entwickelt, entweder an der Tafel durch Anschreiben oder auf der Folie durch schrittweises Aufdecken der vorgefertigten Skizze. Häufig wird eine Strukturskizze als Zusammenfassung einer Stunde erstellt. Dabei werden auch Vorschläge und Ideen von Schülerinnen und Schülern einbezogen. Meist wird aber nur das von der Lehrkraft vorgegebene Tafelbild abgeschrieben und abzeichnet. Interessanter und ergiebiger ist eine andere Verwendung. Schülerinnen und Schüler können selbst eine Strukturskizze erstellen, um damit eigenes Wissen sinnvoll zu strukturieren und im Geschichtsheft festzuhalten. Durch die eigene produktive Arbeit werden auch komplizierte Sachverhalte verständlicher und klarer.

Strukturskizzen eigenen sich zur Wiederholung und Lernkontrolle. Gut strukturierte und optisch einprägsame Skizzen erleichtern die Festigung des Gelernten. Bei eigenen Lernkontrollen an-

Checkliste: Eine Strukturskizze erstellen

- ✔ Überschriften nicht vergessen
- ✔ Platz sinnvoll einteilen
- ✔ Eindeutige gleichmäßige Schriftart, Nummerierung, Unterstreichung
- ✔ Absprache über Farbgebung
- ✔ Gleichbleibende Symbole oder Farben bei gleicher Bedeutung
- ✔ Sprachliche Unklarheiten vermeiden, z. B. zufällige Abkürzungen
- ✔ Strukturskizze ins Geschichtsheft übertragen oder Blätter mit Skizzen sammeln

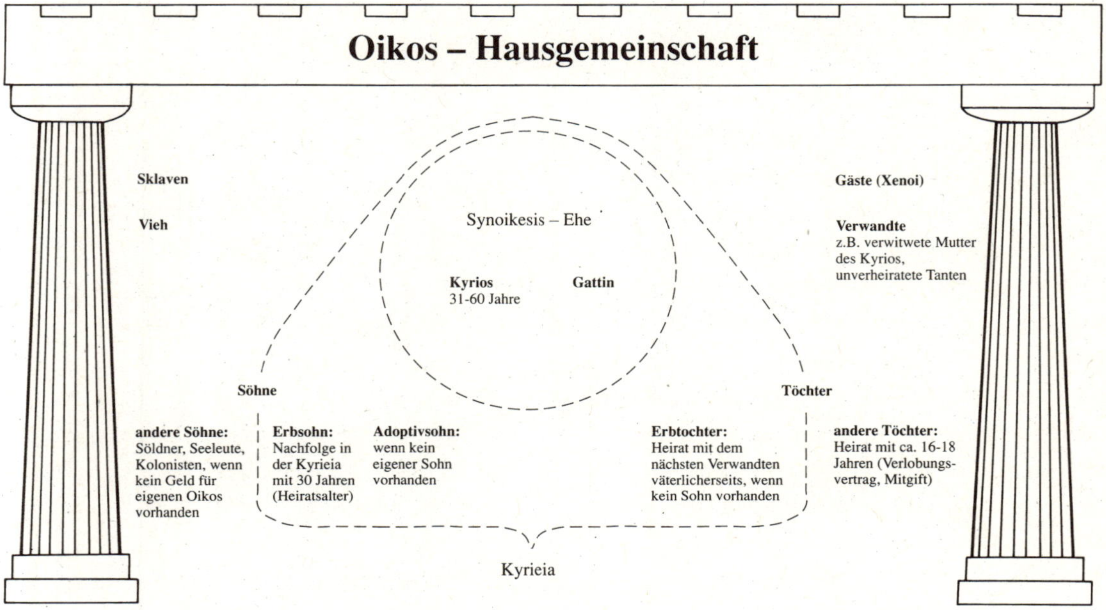

Strukturskizze zum griechischen Oikos : Sie verdeutlicht, in welchem Verhältnis zum Kyrios, dem Hausherrn, und in welcher Rangordnung unter der Kyrieia, der Oberleitung des Hausherrn, die verschiedenen Mitglieder des griechischen Oikos standen (Geschichte lernen 16 (1990), S. 48).

hand der Strukturskizzen kann man überprüfen, was unverstanden und unklar geblieben ist.

Grundmuster

Eine Strukturskizze zu erstellen ist gar nicht so schwer. Es gibt bestimmte grafische Grundmuster, die für sich alleine oder gekoppelt verwendet werden können:

- Einfache Gliederung, Reihung: Sammlung von Stichworten und Begriffen als Vorarbeit für eine echte Strukturskizze
- Darstellung von Positionen, v. a. im übertragenen Sinn: z. B. links-rechts, oben-unten, im Zentrum-am Rande, Aufstieg-Abstieg
- Kartenskizzen (Kartogramme): geografische Umrisse bzw. Lagebeziehungen
- Flächen oder flächenhafte Figuren (Pfeile, Säulen, Ströme): Größenverhältnisse
- Weg- oder Zeitpfeile: Entwicklungen, Stufen, Bewegungen.
- Schaubilder zu Beziehungen und Hierarchien: Herrschaftsverhältnisse, Abhängigkeiten
- Tabellen, Raster

Ulrich Mayer

Thesenpapier

Ein Thesenpapier dient im Allgemeinen dazu, eine → Diskussion über ein Thema anzustoßen. Diese Absicht versucht der Verfasser eines Thesenpapiers vor allem durch eine zugespitzte, eventuell sogar übertreibende und provozierende Zusammenfassung und Begründung der eigenen Auffassung zu erreichen. Ein Thesenpapier stellt also auf engem Raum die wichtigsten Bausteine der eigenen Argumentation in den Vordergrund. Es verzichtet weitgehend auf die differenzierende Auseinandersetzung mit anderen Positionen, ist also bewusst und betont einseitig, weil gerade gewünscht wird, dass die Gesprächsteilnehmer abweichende Auffassungen, Gegenargumente und notwendige Ergänzungen einbringen.

Aufbau

Für den Aufbau eines Thesenpapiers gibt es keine festen Vorgaben. Einige allgemeine Gliederungsprinzipien sollten aber beachtet werden.

In der einleitenden These sollte deutlich gemacht werden, in welchem größerem Zusammenhang das Thema steht und welche Bedeutung dieser oder jener Auffassung zukommt. Ferner sollten zentrale Probleme und Streitpunkte genannt werden. Also:

- Um was geht es?
- In welchem Kontext steht das Thema? Was hängt von dem Thema ab?
- Welche Frage oder welches Problem spielt für die behauptete Bedeutung des Themas eine besondere Rolle?
- Welche Antworten oder Lösungen werden im Allgemeinen für die Frage/das Problem angegeben?

In einer These zur eigenen Position sollte die generelle Richtung der eigenen Argumentation angegeben werden. Also:

- Wie beurteilt man selber das Thema bzw. Problem?
- Was ist das Besondere an der eigenen Stellungnahme?

In einer Schlussthese kann formuliert werden, welche Folgerungen sich aus der vorgestellten Position ergeben: was in Zukunft stärker bedacht und erforscht müsste oder welche Konsequenzen für gegenwärtiges Handeln daraus gezogen werden können.

Gerhard Henke-Bockschatz

Beispiel für ein Thesenpapier: Die Deutsche Revolution von 1918/19

„1. Um die Frage, ob das Scheitern der Weimarer Republik schon in ihrer Gründung angelegt war und wer oder was hierfür eventuell verantwortlich war, wird seit langem heftig gestritten. Kontrovers ist vor allem, ob der von Sozialdemokraten gebildete Rat der Volksbeauftragten durch eine andere Politik die Abkehr vieler Bürger von einem demokratischen Gesellschaftsmodell hätte verhindern können.

2. Die Politik des Rates der Volksbeauftragten wird häufig als alternativlos dargestellt. Zwischen den Auflagen der siegreichen westlichen Allierten, der radikalen Agitation der Kommunisten, der fortbestehenden Macht der Militärs und der Notwendigkeit, die Bevölkerung mit dem Nötigsten zu versorgen, sei der Spielraum für die Regierungspolitik äußerst eingeschränkt gewesen.

3. Diese Sichtweise blendet wichtige Umstände aus. In Wirklichkeit hätte der Rat , wenn er nicht durch die Furcht vor Kommunisten und Chaos wie gebannt gewesen wäre, Reformmaßnahmen durchsetzen können, die dazu beigetragen hätten, die Unzufriedenheit im Land in konstruktive Bahnen zu lenken.

4. Zwar befürworteten England und Frankreich eine antibolschewistische Politik in Deutschland, jedoch bedeutete dies nicht, dass sie jeglichen Reformen und Systemveränderungen ablehnend gegenübergestanden hätten. Ihnen lag vor allem an einer handlungsfähigen deutschen Regierung, jedoch hegten sie auch großes Misstrauen gegen die alten Eliten im Militär und in der Verwaltung.

5. Die Vorstellung, die Arbeiter- und Soldatenräte seien kommunistisch bestimmt gewesen und zwischen ihnen und dem Rat der Volksbeauftragten sei es um die Machtfrage „Diktatur“ oder „Republik“ gegangen, ist nicht haltbar. Denn in den meisten Räten hatten gemäßigte Sozialdemokraten die Mehrheit. Eine bolschewistische Machtergreifung stand nicht in Aussicht. Vielmehr erwarteten weite Kreise der sozialdemokratischen Arbeiterschaft, es werde nun endlich mit alten sozialdemokratischen Forderungen ernst gemacht (z. B. Sozialisierung des Bergbaus).

6. Die Macht des Militärs war zwar immer noch erheblich, doch die Bildung der Soldatenräte hatte sie nachhaltig geschwächt. Die Bildung einer Armee, die der neuen Republik loyal gegenüberstand, wurde aber dadurch verhindert, dass sich der Rat der Volksbeauftragten beim Kampf gegen die Aufständischen ausgerechnet der Freikorps bediente.

7. Der Rat der Volksbeauftragten besaß also objektiv einen größeren Handlungsspielraum, als er subjektiv wahrnahm. Hätte man diesen Spielraum für soziale Reformen und eine stärkere Verpflichtung der alten Eliten auf die Republik genutzt, so wäre es vermutlich nicht in dem Ausmaß zur Konfrontation mit der Massenbewegung der Arbeiter und zur Ablehnung der Republik gekommen.

Zeitleiste

Die Zeitleiste ist eine räumlich-anschauliche Umsetzung des abstrakten historischen Zeitverlaufs. Auf einer (in der Regel) waagerechten Geraden werden Jahreszahlen abgetragen. Es können größere historische Zeiträume markiert, Ereignisse festgehalten, historische Situationen, Strukturen oder Prozesse anhand von Texten, Bildern oder Karten dargestellt und erläutert werden.

Mit einer Zeitleiste kann man ein Bewusstsein von langfristigen historischen Zeitabläufen und Zeitverhältnissen gewinnen. Ereignisse und Vorgänge lassen sich historisch einordnen — so entsteht chronologisches Orientierungswissen. Zeitleisten kann man für die Wand des Klassenraumes, als Tischvorlage oder für das eigene Geschichtsheft entwerfen. Am interessantesten ist die große, von mehreren oder allen Mitschülerinnen und Mitschülern gemeinsam entwickelte Zeitleiste.

Einteilung und Aufbau

Eine Zeitleiste kann verschieden lange Zeiträume abdecken. Geht es um eine globale zeitliche Orientierung über die Erd- und Menschheitsgeschichte, reicht eine Zeitleiste mit Zahlenmarkierungen in großen Schritten aus. Enger gefasst kann sich die Zeitleiste auf das übliche Kernpensum des Geschichtsunterrichts von etwa 500 v. Chr. (antikes Griechenland) bis in die Gegenwart beziehen. Möglich ist auch eine Orientierung an der Stoffverteilung für die einzelnen Schulstufen oder an den klassischen Großepochen (Antike, Mittelalter, Neuzeit unterteilt in Frühe Neuzeit und die Zeit von der Französischen Revolution bis heute). Schließlich kann man spezielle Zeitleisten für besonders interessierende kürzere Zeitabschnitte anfertigen (Französische Revolution, Revolution 1848, Weimarer Republik, NS-Zeit).

Beim Entwurf einer Zeitleiste stellt sich immer das Problem der Länge, des Maßstabs und der Menge der Eintragungen. An der Wand eines Klassenzimmers lässt sich üblicherweise eine Länge von fünf Metern unterbringen. Soll die Zeitleiste das ganze Pensum des Geschichtsunterrichts umfassen, dann stehen für die Darstellung von hundert Jahren lediglich 20 cm zur Verfügung. Für eine genauere Gestaltung ist das zu wenig, zumal die Menge der Angaben, die für uns wichtig sind, zur Gegenwart hin immer stärker zunimmt.

Auf keinen Fall sollte man dieses Problem dadurch zu lösen versuchen, dass man innerhalb der Zeitleiste den Maßstab verändert — das irritiert nur. Statt dessen sollte man lieber kürzere Zeiträume wählen oder eine Überblickszeitleiste mit Ausschnittszeitleisten kombinieren. Darstellungen von Spezialthemen können auch als „Lupen" über oder unter einer Überblickszeitleiste angebracht werden. Am besten ist es, dieses Problem bei der Planung anhand von Entwürfen (z. B. verkleinert im Maßstab 1:10) gemeinsam in der Klasse zu besprechen.

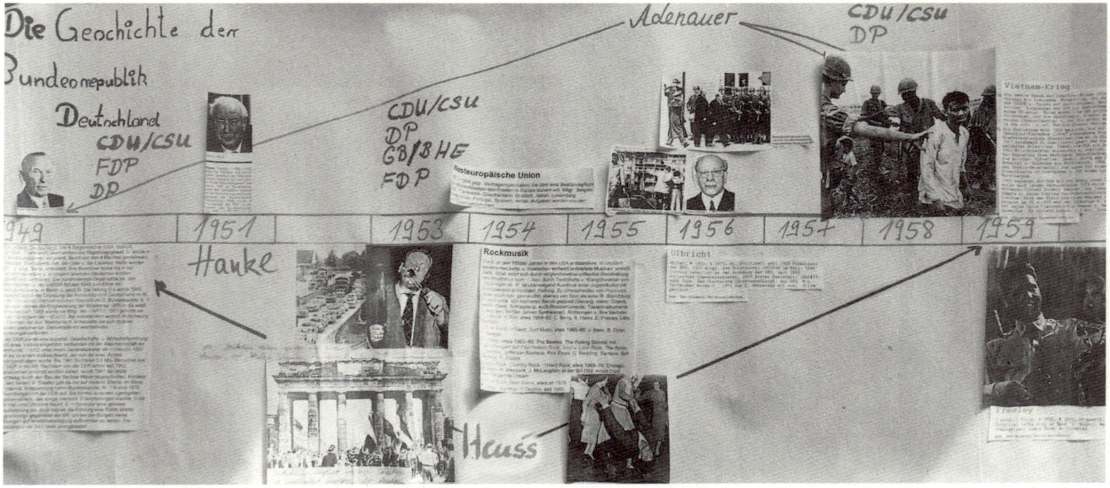

Zeitleiste aus einer 9. Hauptschulklasse (Eckard Hanke)

GESTALTUNG

Das Rückgrat der Zeitleiste bildet die Zeitskala. Je nach Maßstab muss man entscheiden, ob einzelne Jahre, Fünf- oder Zehnjahres-Abstände markiert werden. Größere Zeitabschnitte – Fünfzig- oder Hundert-Jahresmarkierungen – sollten grafisch hervorgehoben werden. Die Eintragungen dürfen nicht zu klein und zu dicht werden. Die wichtigsten sollten auch aus einiger Entfernung zu lesen sein. Einzelne Epochen, Regierungszeiten von Herrschern oder die Existenz von Staaten können mit Linien oder Farbbändern bezeichnet werden. Wichtige Ereignisse lassen sich nicht nur datieren, sondern auch stichwortartig erläutern.

Möglich ist auch eine Systematisierung der Eintragungen nach Gegenstandsbereichen (Politik, Kultur, Wirtschaft/Technik) oder räumlichen Gesichtspunkten (Heimatgeschichte, Deutsche Geschichte, Europäische Geschichte, Weltgeschichte). Die Zeitleiste kann mit → Bildern, Symbolen, → Karten, Grafiken oder Diagrammen ausgestaltet werden. Alle diese Elemente können aus Büchern oder Zeitschriften kopiert und übernommen, aber auch selber gezeichnet werden.

Die Zeitleiste ist meist ein gemeinsames Produkt der Klasse. Sie gibt wieder, was im Unterricht erarbeitet worden ist. Die Eintragungen sollten jeweils als Zusammenfassung eines größeren Abschnitts vorgenommen werden. Welche Ereignisse, → Begriffe oder Personen man aufnimmt, kann in der Klasse diskutiert werden. Die Texte werden in Gruppen oder einzeln verfasst und gemeinsam oder wechselweise korrigiert und redigiert. Das ist eine gute Übung zur inhaltlichen Wiederholung, für das Verständnis und die selbstständige Darstellung historischer Sachverhalte. Ebenfalls gemeinsam sollte man sich über die Auswahl der Bilder verständigen.

Eine gelungene Zeitleiste ist auch ein Wandschmuck, der zur individuellen Ausgestaltung und Verschönerung des Klassenraumes beiträgt. Deswegen kommt es sehr auf sorgfältiges Arbeiten an. Das beginnt mit der Auswahl des Materials. Für eine ansprechende und dauerhafte Darstellung sind aneinander gereihte Zeichenkartons besser als Papier oder Tapete. Und solider und schöner als die unmittelbare Befestigung an der Wand (mit Klebestreifen) ist die Anbringung an einer oder besser zwei Holzleiste(n) mit Hilfe von Pinnwand-Nadeln. Dabei muss man darauf achten, dass die Teile der Zeitleiste, an denen noch gearbeitet werden soll, leicht von der Wand abzunehmen sind. Vor der Beschaffung des Materials sollte man sich über Format und Maßstab der Zeitleiste klar sein. Ein farbiger Untergrund kann die Zeitleiste attraktiver machen, vielleicht passen aber die Bilder später nicht gut dazu. Wie man die einzelnen Gestaltungselemente auf der Zeitleiste anordnen will, muss man gemeinsam entscheiden. Bei den Eintragungen sollte man sich auf eine bestimmte Farbgebung, auf eine Schrift (Druckschrift, Schreibschrift, ggf. Verzierungen) und auf ein Schreibgerät verständigen, um die Zeitleiste möglichst einheitlich zu gestalten.

Michael Sauer

Autoren

Gerhard Henke-Bockschatz, Dr., Professor für Didaktik der Geschichte an der Universität Frankfurt a. M.

Ulrich Mayer, Dr., Professor für Didaktik der Geschichte an der Universität Kassel

Harm Mögenburg, Dr., Fachseminarleiter in Hamburg

Hans-Jürgen Pandel, Dr., Professor für Didaktik der Geschichte an der Universität Halle-Wittenberg

Dietmar von Reeken, Dr., Professor für Didaktik des Sachunterrichts an der Universität Bielefeld

Michael Sauer, Dr., Redakteur im Friedrich Verlag

Die Autoren sind Herausgeber bzw. Redakteur der Zeitschrift „Geschichte lernen“